AF607107

Cuando muere la persona amada

Enrique Martínez Lozano

Cuando muere la persona amada

2ª edición

Desclée De Brouwer

1ª edición: enero 2024
2ª edición: abril 2024

Henao, 6 – 48009 Bilbao
www.edesclee.com
info@edesclee.com

Impreso en España – Printed in Spain
ISBN: 978–84–330–3251-5
Depósito Legal: BI–01575-2023
Impresión: Grafo S.A. - Basauri

A Ana

El duelo es el precio que pagamos
por tener el coraje de amar a otro.

Irvin D. Yalom

En lo que somos, nada ha cambiado.

Poco a poco dejamos ir la pérdida,
pero nunca el amor.

La muerte, como el dolor, pasa.
El amor permanece.

Índice

Introducción

El pasado día 16 de agosto fallecía mi amada esposa, Ana Etxeberria Zarautz, a consecuencia del violento atropello sufrido el día anterior cuando paseaba en bicicleta. El mundo se detuvo para mí en aquel momento y, en medio de un desconcierto atroz, creí sentir que todo había acabado.

Los días que siguieron estuvieron marcados por el desgarro emocional y el aturdimiento mental, la melancolía más gris y la desesperanza más abrumadora, el llanto casi constante y el desconsuelo del sinsentido.

Poco a poco, sin embargo, tal como trataré de describir en las páginas que siguen, fue emergiendo la luz en medio de las tinieblas más oscuras y, a partir de ese momento, paso a paso y con total sorpresa por mi parte, la presencia amorosa de Ana, pacientemente, me ha ido reconstruyendo.

A lo largo de estos tres meses, he ido poniendo por escrito mis sentimientos, como una forma de desahogo e incluso de terapia. Y, unido a la posibilidad de verbalizarlos ante personas de confianza, constato el beneficio que todo ello me ha aportado.

Esos escritos estaban destinados a permanecer en mi escritorio, si bien su contenido se hallaba ya guardado en mi corazón. Pero, muy en línea con lo vivido en estos meses, hace pocos días tuve la intuición –¿o me lo dijo Ana?– de que sería bueno sacarlos a la luz. Intuición o voz interior, de lo que no tengo duda es que ha sido ella quien me ha impulsado a dar forma a este librito, como si fuera continuación –segunda parte– de aquel primero que habíamos elaborado juntos unos meses atrás y al que, sin haberlo pretendido, completa.

El libro al que me refiero es el titulado *Pérdidas y comprensión. ¿Cómo vivir los duelos?*[1] y vio la luz apenas veinte días después de la partida de Ana, si bien se hallaba ya impreso con anterioridad. Lo cual no ha dejado de intrigarme en este tiempo pasado. ¿Por qué el interés de Ana en que ese libro viera la luz justamente en ese momento, cuando de ninguna manera podíamos imaginar que la pérdida sería la suya y el duelo habría de vivirlo yo? ¿Fue una premonición? ¿Era una forma de prepararme para vivir lo que me iba a sobrevenir? Lo cierto es que Ana puso un especial interés en él, insistiéndome particularmente en que presentara guías de trabajo que ayudaran a vivir los duelos, para que las personas no quedaran atascadas en el dolor prolongado, complicado o enmascarado.

Al releer aquel libro, sigo considerando adecuado todo lo que en él se expresa. Sin embargo, no es menos cierto que, de escribirlo hoy, no sería igual. He aprendido en mi propia

1. Editado también por Desclée De Brouwer, Bilbao, 2023.

carne que una cosa es hablar del duelo y otra, bien diferente, sentirse traspasado por él. Y eso fue justamente lo que sentí en aquellas primeras semanas, un dolor que me atravesaba y desgarraba por dentro.

Si lo hubiera escrito hoy, sería un libro más personal y más experiencial. Porque no es lo mismo hablar de algo que conoces por referencias, aunque te hayas informado lo mejor posible, que hacerlo a partir de una experiencia vivida en primera persona. Y esto es precisamente lo que he querido ofrecer en estas páginas, en las que intento compartir lo que es un duelo vivido "desde dentro", tratando de expresar por escrito aquellas experiencias que me han marcado de una manera tan honda.

No hay en este pequeño libro ninguna "teoría" acerca del duelo –sigo dando por válidas las reflexiones que contiene el anterior–, sino una especie de "diario" que fue recogiendo en vivo una experiencia personal, a la que me entregué en cada momento, tal como me era dada.

A lo largo del texto se irán desgranando los elementos que iban tomando más relieve, pero ya desde esta misma introducción quiero subrayar dos de ellos que me resaltan de manera especial.

El primero es la *sorpresa*. Seguro que lo repetiré más de una vez, pero no puede ser de otro modo, ya que fui y sigo siendo el primer sorprendido por todo lo que se ha ido moviendo dentro de mí en solo tres meses. Si sorprendente, por inesperada y repentina, fue la partida de Ana, no lo ha sido menos todo lo que he ido viviendo a continuación. Y no me refiero tanto a la intensidad del dolor –nada difícil de entender–, cuanto a todo lo que fue surgiendo del mismo. He vivido en una sorpresa continua ante el modo como se me iba regalando sentir la presencia de Ana. Sorprendido por sus regalos y los efectos que producían en mí, no he podido sino rendirme a la evidencia de algo que nunca había buscado, ni siquiera imaginado, pero que se me imponía interiormente como una evidencia innegable. Porque la sorpresa no se refería únicamente a lo que se me regalaba sentir; me he ido sintiendo igualmente sorprendido por la transformación que todo ello iba operando en mí, en mi vida cotidiana, en la relación conmigo mismo, en las relaciones interpersonales, en la actividad... Todas las dimensiones de mi existencia se fueron, sorpresivamente, impregnando de la presencia de Ana y transformando gracias a ella.

Nada de lo que aquí relato lo busqué de manera intencional; sencillamente, lo recibí. De ahí mi sorpresa constante, garantía de la verdad de lo que se me regalaba vivir. Y este es el segundo elemento que quiero recalcar: la *enseñanza* que Ana me estaba ofreciendo constantemente a través de lo que se me hacía experimentar. Siempre fue una gran pedagoga y hoy lo sigue siendo conmigo, fortaleciendo certezas, poniendo acentos, resaltando prioridades, aportando matices, subrayando actitudes, abriendo caminos, cuestionando comportamientos..., como si me fuera pasando las notas que plasmaba en sus habituales cuadernos de trabajo, con aquellos lápices y bolis tipo fosforito que tanto le gustaban y tan útiles le resultaban.

Como quedará claro en su lectura, todo lo vivido en estos tres meses lo tomo como una profunda enseñanza que Ana me ha ido –y me sigue– regalando de manera continuada. Se trata de cuestiones que formaban parte de nuestras conversaciones habituales y que, sin embargo, en gran medida me han sabido a nuevas por dos motivos: en primer lugar, porque el dolor y el desgarro, ablandándome por dentro, me habían conducido a una situación única para poder aprender –de hecho, estoy viviendo todo este proceso, desde su inicio mismo, como un aprendizaje continuo, queriendo aprender de todo lo que me iba sucediendo, tal como Ana repetía siempre: *"¿Qué tenemos que aprender de esto?"*– y, en segundo lugar, según he expresado antes, por la carga de sorpresa con que llegaban hasta mí.

Insisto en la sorpresa, no solo porque el modo de sentir la presencia de Ana me tomó totalmente desprevenido, sino porque considero que la sorpresa es señal de no apropiación. Puedo controlar lo que elabora mi mente, porque lo voy dirigiendo yo mismo, pero la sorpresa se me escapa por completo. Y justamente ahí es donde veo un signo de verdad de lo vivido.

La sorpresa, como la intuición, no nace de la mente ni, por tanto, del ego. Simplemente, se constata. Así me ha ocurrido en todo este tiempo, en que no salía de mi asombro –y gratitud– a medida que constataba lo que se iba produciendo. En la gratitud permanezco, dejando que la vida sea y se exprese.

Zizur Mayor (Navarra), 16 de noviembre de 2023,
a tres meses de la partida de Ana.

1 Encuentro

Cuando el día 15 de agosto de 2023, a las 14:07 hs., sonó el móvil, se iluminó la pequeña pantalla con el nombre de Ana y sonreí, sereno y agradecido, como me ocurría cada vez que recibía una llamada suya.

Habíamos coincidido por primera vez en Aránzazu, en septiembre de 2013, en un encuentro de fin semana. Pero en esa ocasión no la "vi", y seguí sin verla en otros encuentros posteriores..., hasta el día 10 de agosto de 2014, en Artieda. Fue a última hora de esa tarde cuando, al terminar un tiempo de diálogo que me había pedido, expresó: "He estado toda mi vida esperándote". Y yo, que no la había "visto" hasta ese momento, sentí un clic en mi interior en forma de evidencia tan clara que no dejaba margen para la duda. Y fue entonces mismo cuando caí en la cuenta de que, sin saberlo, nos habíamos estado esperando desde siempre.

Más tarde nos reiríamos juntos recordando la escena, porfiando ella en que nunca había dicho aquella bendita frase y respondiéndole yo que la había escuchado en esos términos. Cuando me retrucaba diciendo que ella solo me dijo que "había estado esperando a un hombre que se hubiera trabajado psicológicamente", terminábamos riendo juntos, mientras le hacía saber que una frase de ese estilo me hubiera parecido tan cursi que habría salido disparado en la dirección contraria.

Lo cierto es que aquella tarde dejó grabada en mí la certeza de nuestra unidad a nivel profundo. Sin embargo, tal vez debido a mi propia formación, la guardé en mi corazón, por temor a presionar a Ana y esperando que fuera la misma vida quien decidiera los pasos a dar.

El paso siguiente me conducía a Zumaia –entonces no sabía aún que ese era el pueblo de su *amá*– a finales del mes de septiembre, donde me habían invitado a ofrecer una charla. En el intermedio, Ana me propuso hacer el viaje en dos etapas, deteniéndome en su casa en Zizur Mayor (Navarra) y ofreciéndose a acompañarme el día siguiente hasta mi destino. Así lo hicimos. Recuerdo aún la rica comida con la que me esperaba, así como todo lo que hablamos en aquella tarde, si bien no abordamos "lo nuestro".

Fue al día siguiente de la charla, el 26 de septiembre cuando, por fin, lo hablamos detenidamente, mientras paseábamos por la playa de Zumaia, contemplando sus magníficos flysch y, más tarde, caminando por los alrededores. Todo fluía como si nos conociéramos desde siempre. Tal era la sintonía, en todos los sentidos, que tomaba todo nuestro cuerpo y se transparentaba en nuestro rostro. Y debía transparentarse de tal modo que, al vernos un hombre ya mayor que, apoyado en su bastón, pasaba por aquel camino, exclamó: "¡Qué bien estará quien esté mejor que vosotros!".

Todo se fue dando con la mayor naturalidad, como si estuviéramos respondiendo dócilmente a un guion preestablecido, como si la misma vida nos fuera mostrando el camino y no hiciéramos más que asentir. Para celebrar el encuentro, caminamos junto al mar, desde Getaria a Zarautz, donde rematamos la tarde compartiendo –a Ana le encantaba compartir todo lo que comíamos– unos sabrosos pintxos.

A los pocos días empezamos a convivir, aunque yo tuviera todavía que simultanear mi estancia entre Zizur y Teruel. No me extrañaba que mis amigos me dijeran que estábamos haciendo todo muy deprisa. Entendía que no lo entendieran, porque yo mismo –de no vivir la certeza que se nos había hecho manifiesta– hubiera pensado como ellos.

Y en el día a día todo empezó a fluir. Si bien, por mi parte, no encontraba reparo alguno, Ana me confesó que estaba lidiando con dos obstáculos: la diferencia de edad –era quince años más joven que yo– y el hecho de tenerme en cierto modo "idealizado". Y aquí me vienen a la memoria una anécdota entrañable y una de sus expresiones favoritas en aquellos primeros tiempos. La anécdota tiene que ver con su madre. Cuando yo los conocí, los padres de Ana ya padecían Alzheimer. Pero eso no impedía que estando con la madre, Ana le dijera una y otra vez: "*Amá,* este es mi marido". La madre no respondía o, simplemente, esbozaba una sonrisa. Sin embargo, en una tarde que estaba más lúcida, al escuchar decir a su hija la frase acostumbrada, me miró con detenimiento, sonrió y dijo: "Un poco mayor, ¿no?". Parece que hija y madre andaban preocupadas por lo mismo. Y a propósito de la imagen idealizada, la expresión que me repetía Ana en aquellos primeros momentos era esta: "Tengo que bajarte del púlpito donde te había subido". Y lo consiguió porque no he vivido con nadie una sensación tan de estar en el mismo lugar.

Aun constatando que, en las pequeñas cosas, teníamos hábitos muy diferentes, se nos iba regalando también el modo de afrontar lo que a cada cual nos parecía discordante en el modo de hacer del otro. Y fue justamente ahí, en el diálogo sobre nuestras diferencias en las cosas de cada día, donde empecé a poner nombre a la riqueza que Ana portaba: su paciencia, su respeto, su no-juicio, su comprensión, su bondad..., su amor.

Si bien las diferencias de costumbres eran manifiestas, nunca tuvimos ni un solo minuto de duda sobre la decisión tomada. Más aún: era justamente esa certeza, que estuvo siempre a salvo, la que nos hacía resolver cualquier diferencia y la que, en todo momento, nos hacía vivir. Mi perfeccionismo llevaba mal lo que me parecía su desorden, mientras que ella lo que veía en mí era rigidez. Poco a poco, fuimos conociendo más nuestra sombra. Pero también eso se convirtió en motivo de crecimiento, de manera que, en cuanto detectábamos un juicio –una proyección– hacia el otro, nos sonreíamos: acabábamos de pillarnos *in fraganti*.

En los nueve años que vivimos juntos físicamente, cada uno tuvimos nuestros problemas y dificultades, tropiezos y frustraciones. Pero todo ello, sin excepción, se convertía en motivo de diálogo transparente hasta terminar siendo alimento nutritivo de nuestra unión, con la omnipresente pregunta de Ana: "¿Qué tendremos que aprender de esto?". Todo era una oportunidad para aprender, para crecer, para vivir en docilidad a la misma vida.

Y fue así como, casi sin darnos cuenta, fue creciendo un amor incondicional, alegre y cómplice, por el que nos dejábamos sostener, mecer y conducir. Todo era acogido y hablado desde la comprensión amorosa y la percepción de la otra persona como no–separada de uno mismo.

A lo largo de ese camino de nueve años, fui conociendo y admirando a Ana. De modo que, cuando me pedía que le dijera qué rasgos positivos apreciaba en ella, mi respuesta era rápida, porque me cautivaban cada día más su amorosidad, su alegría, su humildad, su paciencia, su bondad, su gratitud, su entrega, su respeto profundo al momento de cada persona...

Al compartirlo con ella, asomaba en su rostro una sonrisa agradecida pero, a la vez, un tanto incrédula. Se hallaba en un proceso de trabajo sobre su propia imagen negativa y fui testigo de su progreso y de cómo, día a día, se iba afianzando más en ella misma, en la hermosa persona que era.

El paso del tiempo compartido hacía crecer en mí la gratitud hacia ella por sus muestras de cariño incondicional y su inmensa bondad. Y cuando, juntos, volvíamos la mirada hacia atrás agradecíamos el camino recorrido, constatábamos cómo se iba afianzando la relación, para terminar siempre –en particular, durante el último año de su presencia física–

con un "pero, ¡qué bien estamos!", acompañado de una explosión de alegría cuando, con una mirada gozosa, mirándome de frente, me decía: *"Kaskurrio*, ni siquiera puedes imaginar cuánto te quiero".

Nos habíamos acostumbrado a compartir tiempos de prácticas psicoafectivas y propiamente meditativas, constatando el peso que la espiritualidad, entendida –más allá de creencias o religiones– como "profundidad humana", tenía en cada uno de nosotros. Compartíamos momentos de silencio y otros en los que, sencillamente, nos sentábamos frente a frente para, sin decir nada, dejarnos mirar y ser mirados. Esta práctica, que Ana bautizó como "una de miradas", nos ayudó de manera eficaz a adentrarnos en la profundidad del otro, al tiempo que le permitíamos al otro adentrarse en la propia intimidad.

Con mucha frecuencia, al vivir esa práctica, nos hacíamos conscientes de qué manera estábamos compartiendo una misma identidad. Se "traspasaba" la forma –la persona o el yo– de cada uno para alcanzar aquel "lugar" donde las formas quedan trascendidas. En cierto sentido, era una experiencia que iba más allá del momento, trascendiendo los limites espacio–temporales. Se nos regalaba un "solo ser", algo que yo había anhelado vivir a lo largo de toda mi vida.

No es extraño que, con esas experiencias de fondo, Ana me insistiera: "Tienes que explicar lo de la no-dualidad de un modo tan claro que las personas puedan comprenderlo y acceder a esta experiencia. Y tú –terminaba siempre con esta coletilla– puedes hacerlo". Tenía más fe en mí que yo mismo. Y eso también ha sido un regalo a lo largo de estos años.

No es una expresión que me agrade –tal vez porque se ha abusado de ella–, pero a medida que avanzaba nuestra convivencia fuimos descubriéndonos como "almas gemelas". Y así entendimos por qué nos habíamos estado esperando desde siempre e incluso por qué, en la tarde del 10 de agosto de 2014 en Artieda, escuché aquellas palabras que ella aseguraba no haber dicho. Otra broma más de la vida.

Esto era lo que yo estaba viviendo –el mayor regalo de toda mi existencia, con la persona a la que más he amado– cuando sonó el móvil el día 15 de agosto de 2023, a las 14:07 hs. Al atender la llamada, me quedé estremecido y paralizado, entre el desconcierto y el desgarro, roto por dentro, sintiendo que el tiempo se había detenido para mí.

2 Desgarro

Habíamos regresado, serenos, gozosos y agradecidos, de un retiro de silencio en Haro la tarde anterior. Así que queríamos celebrarlo el día 15. Nos levantamos un poco más tarde de lo habitual, dejamos las cosas preparadas para hacer la comida y hacia las 11:30 hs., salimos, quedando en encontrarnos en casa a las 14:00 hs. En esa ocasión, tomamos rumbos diferentes: Ana quería disfrutar de su flamante bicicleta con motor y yo, que nunca aprendí a andar en bici, tomé mi camino habitual, recorriendo el "anillo verde" que rodea el pueblo.

Regresé a casa algo antes de la hora en que habíamos quedado. Por eso, cuando escuché el móvil, atendí su llamada como solía hacerlo, con un tono de alegría, diciéndole en broma: "Anusky, llegas tarde". Se produjo un silencio pesado, sentí un vuelco en el estómago y un nudo que apretaba mi garganta, mientras escuchaba una voz de mujer que decía: "¿Eres Enrique? Soy la médico de la ambulancia. No te preocupes. Ana ha tenido un accidente, pero su vida no corre peligro". Incapaz de dar crédito a lo que escuchaba –me parecía estar viviendo un mal sueño–, sentí que me rompía por dentro –una sensación, la de "romperme" que me acompañaría durante un mes y medio– y empecé a llorar. Al escucharme, la médico me preguntó si quería hablar con Ana. "¡Claro!". Pero Ana apenas pudo decir, en un hilito de voz: "Cariño..."

Salí disparado hacia Urgencias, tal como la doctora me había indicado. Ella misma me atendió al llegar, me habló de politraumatismos severos, aunque volvió a repetirme que su vida no corría peligro y que en ningún momento había perdido la consciencia. Permanecí en espera algo más de una hora, hasta que salió un enfermero para indicarme que, por mayor seguridad, la iban a subir a la UCI. Más tarde supe que en ese momento la sedaron y ya no volvería a recuperar la consciencia.

En ese tiempo había avisado a sus hermanos, que llegaron desde Donostia con rapidez. Nos abrazamos y, con un nudo permanente en el estómago, nos mantuvimos en una espera ansiosa y angustiada durante toda la noche.

En las horas siguientes, la información que el equipo médico nos iba trasladando era muy contradictoria, a tenor de lo que ellas mismas –quienes hablaron con nosotros eran todas mujeres– iban descubriendo. Con notable empatía, una de aquellas doctoras aparecía cada hora para comunicarnos el estado de Ana: "Son traumatismos graves, pero se recuperará", "no logramos estabilizarla, sospechamos que tiene una hemorragia interna, tenemos que operar", "hemos logrado taponar el vaso, está fuera de peligro", "ha hecho una parada cardíaca, por lo que le quedarán graves secuelas neurológicas", "todavía podemos recuperarla"..., hasta el último "no ha sido posible".

Viví toda la noche teniendo a Ana en mi corazón de una forma muy vívida. Al escuchar esas últimas palabras, me derrumbé y pedí a la doctora si podía pasar a verla. Pasamos y, aun cuando ya sabíamos que era un proceso irreversible, su corazón todavía latía. Me abracé a ella y lloré de manera incontenible, amarga y desconsoladamente, sin poder dejar de acariciar su rostro y pegar mi cuerpo junto al suyo, resistiéndome a creer lo que estaba viviendo. Ayer estaba llena de vida, de ilusiones y proyectos, como nunca. Y ahora la veía inerte, en mis brazos, con la cara lastimada y deformada por el impacto recibido. Acariciaba su cara como si quisiera reanimarla y devolverla a la vida, mientras me sentía abrumado entre el desconcierto y el desconsuelo. Nunca había experimentado un dolor tan intenso ni un desgarro tan rompedor. Me sentía completamente roto en una especie de nube negra que me impedía ver cualquier otra cosa. Y así, en mis brazos, rodeada por sus hermanos –Mikel, Lurdex y Josemari; Jasone andaba por EE.UU–, Ana fallecía a las 5:35 hs. de aquel día 16 de agosto, en el que yo hubiera querido morir con ella.

Dicen que los delfines se niegan a comer después de la muerte de su compañero o compañera. Y que los gansos se ponen a buscar al compañero perdido hasta que se desorientan y también mueren. Deben padecer la misma sensación de perder la vida que me asaltó en esos momentos, donde experimenté –a pesar de haber padecido la soledad en muchos momentos de mi vida– que únicamente los supervivientes de una muerte se quedan solos de verdad.

Me parecía todo tan absurdo y era tal mi necesidad de encontrar algo que pudiera consolarme en aquellos momentos de desconsuelo, que en un momento determinado, me escuché decir: "Ana, al menos sé que tú no pasarás por un dolor como este".

En aquellos primeros momentos, aparte del desgarro que me producía la pérdida, se movían en mí dos fuentes de padecimiento: por una parte, imaginar el dolor de Ana en el momento del golpe tan brutal y violento que rompió literalmente todo su lado derecho –desde la sien hasta el tobillo– y que, según sabríamos después por un testigo, hizo que saliera disparada –"volando", según sus propias palabras– por el aire, con el añadido de que en todo momento se mantuvo consciente; por otra, sentir que su vida había sido truncada de manera tan drástica, justo cuando mejor se sentía, plena de vitalidad, feliz en todo lo que hacía, repleta de ilusiones, proyectos y planes, tanto para el futuro inmediato como a más largo plazo, con el horizonte de su jubilación cercana. ¿Cómo podía haberse frustrado todo ello?, ¿cómo se había podido producir semejante injusticia? Y me vinieron a la memoria las palabras que escribiera Joan Didion tras la muerte de su esposo: *"Te sientas a cenar y la vida que conocías se acaba"*.

Pero la vida seguía. Sus hermanos me insistieron en que fuera a dormir algo, porque los días siguiente serían duros. Fui a casa, pero solo podía llorar y quedarme desgarrado ante una foto de Ana en la que me miraba de frente. Tenía que avisar a mi familia, a amigos y conocidos, de lo que había sucedido. Y casi sin creerme lo que estaba comunicando, adivinando también los gestos de estupor e incredulidad de quienes iban a recibirlo, escribí que Ana acababa de fallecer. Y fue en ese momento cuando me surgió escribir un texto, que brotaba del mismo "diálogo" que estaba manteniendo con ella, y que más tarde enviaría con el Boletín semanal. Fue este:

En la partida de Ana

Queridos amigos y amigas: Al enviar el boletín de esta semana, me resultaba imposible hacerlo como si nada hubiera pasado. Permitidme, pues, por lo compartido durante tantos años a través de estos envíos, un "desahogo" ante un hecho que me desgarra el corazón y pone mi vulnerabilidad en carne viva.

El día 15 de agosto, disfrutando de un paseo en bici, al atravesar por un paso de peatones, Ana, mi esposa y cómplice compañera de vida, fue arrollada de manera violenta por un auto. Tras dieciséis horas de lucha por sobrevivir y de esfuerzos de los profesionales sanitarios por sacarla adelante, fallecía algo antes de las seis de la mañana del día 16. Tenía 57 años.

Os lo envío también, desde mi necesidad de responderos, a quienes me habéis escrito algo. Con este compartir, quiero haceros llegar la gratitud más profunda por vuestros correos y mensajes, hechos de cercanía y amor. Perdonad que no pueda responderos personalmente, pero recibid desde aquí, cada uno y cada una, mi abrazo más cordial y sostenido que nunca.

Nunca pensé que el dolor pudiera llegar a tales extremos ni que alcanzara semejante intensidad. Un dolor oscuro, ciego y pegajoso, tan agudo como desgarrador, cargado de tristeza, soledad y abatimiento. Dolor...

Pero tampoco nunca pensé que podría encontrar la calidad, luminosidad, y frescor del amor que he hallado en Ana. Un amor humilde, alegre, confiado, entregado, servicial, cuidadoso, detallista, paciente, desbordante, sostenido. Un amor hecho sonrisa, cercanía, ayuda y mimo. Un amor envolvente y liberador. Amor...

El dolor sentido no es sino el reflejo del amor que siento haber perdido con la partida de Ana. ¡Es tan duro verla en todos los sitios y no poder encontrarla en ninguno!... ¡Es tan grande el hueco de su ausencia y el vacío de su luz!... ¡Tan dura la forma violenta en que la han arrebatado! ¡Tan oscura la frustración de sus sueños, proyectos e ilusiones! ¡Tan desgarrador y desolador vivir sin ella! ¡Tan hiriente no encontrarla cada día ni poder estrecharla en un abrazo como cada vez que volvía a casa! ¡Tan pesarosa la soledad sin ella!...

¡Cuánto me has querido, Ana querida! ¡Cuánto me has dado y cuánto he aprendido! ¿Cómo no habría de doler hasta la extenuación la pérdida de tanta luz, de tanta alegría, de tanta vida? Nos conocíamos desde un poco antes, pero nos "vimos" en agosto de 2014 y supimos –"¡qué cosa misteriosa!", solíamos repetirnos– que nos habíamos estado esperando desde siempre. Y estos nueve años han sido una confirmación cotidiana de aquella intuición primera. ¿Cómo no padecer ahora una soledad abismal cuando siento que, contigo, ha partido mi propia vida? ¿Cómo no sentir que me "rompo" cuando ahora mismo intento pronunciar tu nombre?

Solías decirme que veía en ti cosas que no estaban o que tú misma no percibías. Pero sé el motivo: era justamente la presencia de tanta luz en ti la que no te permitía ver tu belleza; eso es precisamente la humildad.

Nunca una mala cara, ni un gesto displicente, ni una actitud hostil, ni una distancia fría, ni un enfado calculado, ni siquiera un juicio... Muchas veces me preguntaba cómo podía caber en ti tanto amor. Pero no, no cabía; eras Amor. Por eso te echo tanto de menos y me pregunto por qué has tenido que partir. Si fuera una persona religiosa, diría que un dios celoso te arrebató porque te quería junto a él. Pero prefiero permanecer en silencio... y permitir que la vida, tras esta removida que me tambalea, vuelva a tomar la iniciativa.

Ahí encuentro tu presencia. Contemplo tu mirada eterna plasmada en una fotografía. Y te hablo. Y descubro que, al hablarte, solo me sale una palabra: "Gracias"; una palabra –"Eskerrik asko"– que nunca te abandonaba. Y aun con mi sensibilidad rota, no puedo sino sentirme embargado por la gratitud, en la que fuiste mi maestra.

Y te escucho... Me desahogo contigo, te cuento lo que siento, te digo cuánto te echo de menos, te pregunto por qué... Y me quedo a la escucha. Siento entonces que me sonríes –como siempre lo hacías, como tú sabes hacerlo– y en esa sonrisa me hablas: "Deja que la vida sea"... Y la paz vuelve a mi corazón. Estoy entreviendo otra forma de tu presencia, otra manera de sentirte, un modo nuevo de amarte.

Sigo echando de menos tu cuerpo, el contacto, el abrazo, tu mirada, tus gestos, tu estar... Y eso me duele. A veces me siento perdido por la calle, sin tu mano amiga. Se me hace el día interminable, sin el sonido de tu voz. Cada cosa que veo, te recuerda, y me hace sentir una punzada aguda en la boca del estómago. Pero vuelvo al silencio y te veo. Y ahí se me hace presente, de otro modo, tu sonrisa, tu voz y tu presencia. Miro tu foto y, si bien es cierto que aparece la nostalgia de lo que ya no puede ser, cobra fuerza, aunque sea entre mis lágrimas balbucientes o desgarradas, tu presencia luminosa, radiante, amorosa, que me vuelve a repetir: "Deja que la vida sea en ti". Con esa sonrisa tuya, humilde, casi tímida, pero radiante a la vez; la sonrisa luminosa y sabia de quien, más allá de cualquier problema, sabe que, en lo profundo, "todo está bien".

Y llego a sentir tu voz y a percibir tu gesto que me invitan a confiar y a entregarme. Y es en esa entrega, finalmente, donde me siento fundido contigo. Más allá del tiempo, más allá del espacio, más allá de las formas, somos.

Ana querida, te dejo ir. Me duele enormemente pensar que se han truncado tus proyectos, tus sueños, tu vitalidad. Pero sé que, aunque a mí me duela y desconcierte –incluso a pesar de que mi mente piense que te han arrebatado la vida antes de llegar a su término–, sé que ya has recorrido tu camino y has cumplido tu misión. ¡Feliz de ti! Acojo el dolor de tu ausencia, pero te dejo ir...

Y acojo también tu invitación a "dejar que la vida sea", sin pretender que se ajuste a mis planes. Agradezco a tantas personas que están aquí, incondicionales, apaciguando el dolor y sosteniendo mi fractura y desconcierto, desde mi querida hermana Puri –tan parecida en ello a ti– hasta personas anónimas y desconocidas de quienes me llega impulso, pasando por amigos y amigas siempre fieles y siempre disponibles. No puedo no verlos a todos ellos, querida Ana, como "mensajeros" tuyos, otro guiño de tu amor. Te abrazo como a ti te gustaba y quedo compartiendo contigo el silencio pleno que ahora ya eres.

3 Paradoja

Los dos días pasados en el tanatorio los viví en una burbuja de dolor, tristeza y melancolía. Quería acoger amorosamente a cada persona que se acercaba, aunque con frecuencia me sentía en "otro mundo": un mundo oscuro, de ausencia, desconcierto, incredulidad y dolor. Todo me hablaba de Ana, pero ella no estaba. Sentí necesidad de que, en varias ocasiones, me abrieran la tapa del féretro –habíamos decidido dejarlo tapado debido a los efectos que el atropello produjo en su cara– para contemplar su rostro y acariciarlo una vez más. Sabía que era exponerme a un llanto desgarrado, pero no podía dejar de hacerlo, a la vez que intuía que también eso me estaba curando.

Todavía perdido en aquella burbuja, me hice consciente de que nunca había sentido un dolor semejante. Pero no tardé en reconocer que tampoco antes había vivido un amor de tal calidad. Me hallaba, por tanto, ante las dos caras de la misma realidad.

El modo brutal como ocurrió el atropello, el carácter inesperado y repentino de la pérdida, así como el enorme vacío que dejaba en mi existencia me sumían en una tristeza honda que parecía invadirlo todo, mientras me oía decir interiormente: ya nunca nada volverá a ser igual, nunca podrá ser lo mismo. No habrá más sonrisas compartidas, ni paseos juntos, ni confidencias..., no habrá más compartir. Queda solo vacío, y así será también mañana, y pasado mañana, y todo el resto de los días.

En aquellos momentos me hubiera gustado irme con ella, porque –así lo sentía– con ella se había marchado mi vida. Tendría que pasar tiempo para ser capaz de verlo y sentirlo de otro modo.

Aunque no solo tiempo. Lo que brotó de mí, desde el momento mismo de su fallecimiento, fue un sentimiento profundo de gratitud que ya nunca me ha abandonado: ¡tenía tanto que agradecer...! Me detenía en ese sentimiento, verbalizaba motivos y motivos, dejaba que me inundara. Y a partir de ahí, noté que Ana me estaba regalando sentir su presencia de otra forma, no física, pero no menos intensa y viva. Fue esa presencia la que me sostuvo en todo momento. Volvía a ella continuamente con toda facilidad y percibía incluso su sonrisa grabada en lo profundo de mi cuerpo. De modo que bastaba conectar con ella para que, de manera espontánea, mi rostro se iluminara y sonriera.

Esa presencia nunca me ha abandonado. Ciertamente, no eliminaba la angustia, que volvía de manera intermitente, agarrotando mi cuerpo y nublando mi mente. Me tocaba llorar varias veces a lo largo del día, mientras me decía que todo había perdido su sentido. Nuestra casa –no puedo decir "mía"–, un refugio siempre amigable, la percibía ahora como un lugar vacío que parecía aplastarme. Cada lugar, cada espacio, cada objeto, cada olor..., todo se convertía en recordatorio que confirmaba y daba relieve a mi soledad. Veía a Ana en todos los sitios, pero sin encontrarla en ninguno.

Había muchos momentos a lo largo del día en que el dolor de su ausencia física me mordía violentamente, y otros en los que la angustia de no tenerla recorría todo mi cuerpo, inundando la boca y el estómago. Aparecían también oleadas de soledad y tristeza que, aunque apaciguadas por la aceptación y el silencio, podían permanecer como trasfondo apenado, y necesitaban un tiempo de llanto para ser evacuadas.

Si en los primeros días me sentí desgarrado, inconsolable, postrado –"parecía que esa mañana, cuando te vi en el cementerio, te hubiera caído una losa encima, haciéndote envejecer de repente un montón de años", me comentó después un amigo–, no sabía aún –por más que lo temiera– que la ausencia interminable vendría después en forma de vacío angustiante.

Pero había algo más que me dejaba asombrado y perplejo. No sabría explicar cómo pero, aun en medio de todo ese desgarro, seguía conectando con su presencia de manera natural y espontánea, con una evidencia imposible de negar. Me resultaba particularmente significativo el hecho de que era su presencia la que me salía al encuentro, imponiéndose desde dentro. La iniciativa no había sido mía. No buscaba un consuelo barato o un pretexto para escapar, huir o evitar el desgarro. Este seguía su curso. Pero, al mismo tiempo, su presencia emergía con fuerza.

Esa situación me mostraba en toda su crudeza la paradoja que somos: cómo es posible sentir un vacío lacerante que se despertaba en cada rincón de la casa, en cada calle y en cada camino que recorríamos –un vacío que me oprimía el pecho y se agudizaba al reverberar las palabras que me repetía continuamente: "No sabes bien cuánto te quiero"– y, al instante, sentir su presencia plena y amorosa asegurándome que "todo está bien". En esa paradoja me estuve moviendo durante aquellas semanas: entre la *angustia* de mi organismo cuerpo–mente–psiquismo (lo que llamamos el "yo") y la *plenitud atemporal* que somos.

Aun sin saberlo, un participante en el encuentro de fin de semana que organizamos en Logroño para trabajar el contenido del libro *"Pérdidas y comprensión"* puso nombre a esa extraña paradoja con estas palabras: *"Había venido a hacer un curso sobre pérdidas y lo que he encontrado ha sido una historia de amor"*. Reflejaba con total precisión mi vivencia paradójica de tal manera que ni yo mismo hubiera podido expresarlo mejor.

¡Claro que *había* momentos de vacío y de pena, de desgarro y de llanto –oleaje inevitable, consecuencia de lo sucedido–, pero, al mismo tiempo, se me hacía evidente que todo *es* Plenitud, que solo la Vida es, que todo es Vida y que solo el Amor vale la pena!

Sé bien que desde la creencia que tiende a identificarnos con el yo, esto suena a locura y desvarío. El yo tiene bien delimitado lo que es "bueno" o "malo" para él y no admite el menor cuestionamiento sobre ello. Pero basta soltar aquella creencia errónea, acallando la mente pensante, para caer en la cuenta de que todo, sencillamente, es. Y Eso que es –Plenitud, Consciencia, Vida...–, es lo que somos. "Ahí", Ana y yo, tan diferentes en la forma, somos *lo mismo*.

Eso que se me regalaba hacía que, aun en medio de la vulnerabilidad y de los miedos que por momentos me atenazaban, se fuera abriendo ante mí el camino de la paz. Ese era el regalo cotidiano de Ana: su mirada profunda y luminosa y su sonrisa juguetona pacificaban mi sensibilidad alborotada, suavizaban mi herida, me conducían a la profundidad, relativizaban tantas cosas... y me hacían mejor persona. Y por si me olvidara, aparte de su sonrisa profunda y serena que me sigue habitando, descubría "guiños" suyos por doquier, señales para mí inequívocas de su presencia cuidadora. Todo ello fue produciendo la "magia" de poder vivirme en un "diálogo" constante con ella... y sus "bromas". ¡Me llenaba –y me sigue llenando– de tanta Gratitud su presencia luminosa!...

Ese fue el mayor regalo que recibí en aquellos días difíciles. Me resultaba evidente que Ana continuaba cuidándome, aunque yo todavía estuviera atascado en las aguas cenagosas de un vacío insufrible.

Por entonces me sentía incapaz de resolver la paradoja: conjugar la presencia que me sostenía con la incapacidad de hablar de ella sin romperme por dentro hasta el punto de hacer imposible la palabra. Intuía que, para resolverla, necesitaba situarme en aquel otro "lugar" donde los dos polos de la paradoja pueden ser abrazados en una unidad mayor. Y eso fue justamente lo que se me regaló, de manera estable y continuada, el día de mi cumpleaños.

4 Presencias

Guardo una gratitud especial hacia tantas personas que, en aquellos primeros momentos, supieron estar, acompañar, arroparme, cuidarme en mi vulnerabilidad. Desde la distancia o desde la proximidad.

Desde mi hermana Puri –el primer bálsamo para aquella herida recién abierta–, que se quedó conmigo en aquellos primeros días de mayor desconcierto, con quien compartí momentos extraordinarios y que se sigue haciendo presente a diario a través del whatsapp, hasta quienes simplemente me escribían para hacerme sentir su cercanía.

Desde mis firmes amigos de Pamplona, que me facilitaron, en esos momentos difíciles, llevar adelante la cantidad de gestiones y trámites que un hecho de esas características requiere –¿qué hubiera hecho sin ellos?–, hasta quienes se acercaron a acompañarme desde diferentes lugares, queriendo simplemente "estar", ofreciendo el regalo de su presencia respetuosa, silenciosa e incondicional.

Desde quienes me invitaron a pasar unos días en su casa, haciéndome cambiar de aires y regalándome un cuidado sanador, hasta quienes se comprometían sinceramente para cualquier cosa que pudiera necesitar.

Desde personas prácticamente desconocidas que me hacían llegar mensajes sentidos de cercanía, hasta la propia familia de Ana que se las ingeniaba para no dejarme nunca solo, ofreciéndome familiaridad amorosa y entrega servicial.

Todo ello generó en mí una profunda y enorme deuda de gratitud, que nunca podré saldar adecuadamente.

De esas experiencias aprendí la importancia terapéutica que acompaña a toda presencia de calidad. Se trata del mejor regalo que podemos recibir y ofrecer, en todos los sentidos. Porque es una presencia respetuosa, que no juzga ni da consejos, que no busca influir en el otro, que no le presiona ni le señala el camino a seguir, sino que lo acoge tal como está, desde una fe profunda en él mismo y en la vida que nos sostiene a todos.

No abrigo duda alguna de que ese es el regalo más limpio que podamos ofrecer a los demás: nuestra presencia de calidad. Presencia que recibí de manera constante por parte de tantas personas, cuyo amor me alcanzó en lo más profundo. Una presencia que sabe amoldar su paso a la situación que la persona vive en cada momento, sin entrometerse, como si quienes se hacen presentes fueran guiados por una intuición especial: así lo viví con Puri y toda mi familia, con Mikel, Jasone, Lurdex y Josemari, con Paulino y Charo, con Ana y Nacho, con Jon, Sabina y Liher, con Ecequiel, Josu, Txemi, Ricardo y Juana, con Luisa, con Henar, con Clara, con Esther y Conchi, con Yoly y Paz, con Ramón, con Emilio, con Sagra, con Juan Francisco, con Jesús Mari y Amaia, con Ana y William... y una lista de nombres que guardo en mi corazón.

En cierto sentido, nada de eso alivia el dolor ni elimina la sensación de vacío y de angustia. Y así lo escribía el día 24 de agosto: "A pesar de haber estado con gente amiga, hoy me ha resultado un día duro, sobre todo en el momento de regresar a casa. A lo largo del día, ha ido moviéndose una sensación de soledad y melancolía, como un «peso» que iba cobrando fuerza a medida que pasaban las horas. Cuando eso se agudiza, experimento también mayor dificultad para abrirme a la presencia de Ana en mi interior. Porque lo que toma relieve es, justamente, la ausencia y, con ella, la soledad y el miedo al futuro que conlleva. Siento, en esos momentos, que todo ha cambiado, que nada podrá ser como antes, que incluso en los detalles más pequeños la echo de menos, y que hasta las cosas más nimias que hacíamos juntos ahora se me antojan problemas difíciles. Ese es el contenido del «peso» que en esas ocasiones me abate".

La presencia de personas amigas no elimina ese "peso", pero es un bálsamo, que me ayuda de manera eficaz a no permanecer encerrado en él. Otra paradoja más: aun disfrutando y agradeciendo el amor recibido, seguía siendo necesario lidiar con el dolor, aceptarlo y aprender a gestionarlo, para poder trascenderlo. Y aquí fue donde la presencia sentida de Ana jugó el papel más decisivo.

En un primer momento, mi familia me instaba a marchar con ellos a Teruel. Y si rehusé fue solo por una razón: no quería huir del dolor ni evitarlo, desde la certeza de que el dolor evitado nos espera sin falta en cualquier recodo del camino. Por eso, preferí pasar en casa ese primer tiempo, a la espera de que todo se me iría dando con posterioridad.

También estuve a punto de cancelar toda la actividad programada. Si no lo hice, fue porque, a pesar de los altibajos y del surfear permanente entre el oleaje de la angustia y la serenidad de la calma, la presencia de Ana, que sentía cada día con más fuerza y de manera más permanente, me alentaba a continuar. Incluso me pareció ver que todo lo programado lo viviría como una actividad compartida –tal como la habíamos planeado– y que ella estaría conmigo en todos los pasos de su desarrollo. Y así fue como ocurrió en cada uno de los encuentros realizados.

La vida me mostraba que podría seguir con todo, desde la confianza en que cada cosa se me daría en el momento preciso y desde la certeza de que Ana vivía en mí con una intensidad que no dejaba de sorprenderme, si bien el solo pensamiento de su partida, tras haber preparado el libro y los encuentros sobre "pérdidas y duelos", me producía estremecimiento ante una sincronía tan desgarradora.

¿Qué es lo que me resulta más duro ahora?, me preguntaba a mí mismo en la madrugada del día 21 de agosto. Sin duda, la soledad que me queda. Noto su ausencia en cada momento, en todo lo que veo–huelo–gusto–oigo–toco, así como también en todos los "detalles" que me llegaban de ella (como ponerme en la boca un trocito de chocolate cada noche, mientras estaba escribiendo) y que ahora, lógicamente, han

cesado. Ayer fue un día de esos: no había quedado con nadie y, a medida que pasaba el día, me pesaba esa soledad.

Y ante eso seguía preguntándome *qué hacer.* Aparte de otras "estrategias" que podrán ir saliendo –las sincronías tienen que estar en todo, no solo en lo doloroso–, la clave, tal la siento ahora, se halla en el modo como vivo la "presencia sentida" de Ana: puedo vivirla como *carencia,* y eso me conduce a la tristeza, la melancolía y la soledad o –este es otro guiño de ella– puedo vivirla como *"aliento".*

Y me doy cuenta de que no es un planteamiento pensado (o teórico), sino que me lo ha hecho experimentar, sobre todo en dos ocasiones particularmente difíciles, hasta el punto de notar un cambio real en mi estado de ánimo. Y me parece que ese es el camino... Dentro de todo esto que me resulta tan "misterioso", siento que Ana ahora es muy poderosa. Y en muchos momentos, con gran sorpresa por mi parte, me he sentido alcanzado por ese poder... para ser capaz de seguir viviendo, dejando de sobrevivir para empezar a vivir.

Tal como lo voy viendo, siento la invitación a vivir a Ana como "aliada", manteniendo el diálogo con ella en esta clave y desde esta perspectiva. Vivirla como aliada significa vivir el diálogo con ella escuchando su palabra de ánimo, de confianza en la vida, de seguir adelante... En síntesis, es vivir la presencia de siempre, ahora en otra "forma", pero con el mismo contenido y los mismos efectos.

5 Guiños

Desde muy pronto, entendí que la presencia de Ana me iba a hacer capaz, aunque necesitara tiempo, de resolver la difícil paradoja a la que antes me he referido. Así me hice consciente de que, para seguir ayudándome a vivir y salir de aquel atasco, Ana empezó a prodigarse, desde el primer momento, en detalles constantes, que me gusta llamar "guiños". Y cada vez que recibía uno de ellos, entreveía a Ana sonriéndose y diciéndome: "¿Todavía no te das cuenta?". Sí, claro que fui consciente de ellos desde muy pronto, pero de nuevo volvía el oleaje de la angustia. Y ahí me veía a mí mismo, surfeando como podía aquel continuo vaivén entre mareas bravas –imagen de aquellas otras que tanto le gustaba contemplar a Ana en el Cantábrico– y momentos de quietud.

Alguien me dijo que los guiños solo podían percibirse cuando en la persona que padecía la pérdida había una actitud de apertura. Puede ser. La tristeza, la frustración, el desgarro, la rabia y la angustia pueden llegar a ocupar todo nuestro espacio y, aun sin ser conscientes de ellos, encerrarnos en el propio dolor, incapacitándonos para ver más allá del mismo. Tal vez, cuando no nos dejamos absorber del todo por la vorágine de la carencia, queda abierto un resquicio y nos volvemos disponibles para percibir señales que contienen un mensaje evidente, capaz de liberarnos de nuestra ceguera.

Habré de volver sobre ello, cuando toque hablar del momento en que, por fin, todo se me hizo manifiesto. Por el momento, ni las señales más fuertes acababan con los altibajos emocionales. Sin embargo, me sostenían y me regalaban momentos de paz e incluso de dicha, celebrando con Ana su presencia en mí y preparándome para lo que habría de venir.

Podría empezar a relatar aquellos guiños constantes y tengo la impresión de que no terminaría nunca. Se trataba de pequeños "detalles" cotidianos, caseros, en los que, de manera sorpresiva y tras pedírselo a Ana, encontraba algo que andaba buscando o se resolvía una cuestión que me parecía irresoluble. Pero quiero explicitar detenidamente algunos de ellos, que me parecieron más significativos.

A los cuatro días de su partida, aun habiendo estado todo el día acompañado por buenos amigos, al llegar a casa por la noche me derrumbé. El vacío me asfixiaba y la pérdida me consumía. Fui un tiempo al "sillón de llorar" para dejarme sentir el dolor y, situado ante la foto de Ana, le pedí que me diera alguna señal de que todo estaba bien. En no pocas ocasiones nos habíamos comprometido a ello: quien se marchara antes tenía que "hacerse notar" y venir en ayuda de la persona que quedara. Siempre había dado por hecho que, por la lógica de la edad, sería yo quien partiera primero. También por ello, se me hacía más duro que todo hubiera ocurrido de este otro modo.

Me acosté tarde pero no logré conciliar el sueño, así que me levanté hacia las cuatro de la madrugada. Encendí el ordenador y encontré el correo de Alejandro, un amigo mexicano. Al abrirlo, aparecía una imagen de Ana radiante, luminosa, sonriente, incluso más "niña". ¡Me pareció tan evidente su regalo! Mi amigo, a través de la inteligencia artificial, había retocado el rostro. Y Ana, que siempre me había dicho que le hubiera encantado tener una cara sin manchas ni arrugas, resplandecía. Ante aquel comentario suyo, yo le contestaba diciendo que ella estaba bella siempre: "porque lo eres, estés como estés". Pero al recibir esta imagen, sentí que estaba como siempre le gustó estar y le agradecí que, a través de ella, me estuviera diciendo que "todo está bien".

Al permanecer ahí, contemplando esa foto, experimento cómo su presencia y su sonrisa se siguen asentando en mi interior, me alcanzan más y más, me expanden por dentro, me ablandan, detienen mi mente... Solo hay presencia y sonrisa, vida.

Permanezco en la mirada reposada, tranquila, pausada y noto como si su sonrisa se acrecentara –¡incluso en la foto que tengo delante!–, jugueteara y me hiciera guiños. Como ella solía decir en tantas ocasiones, solo el hecho de mirarte "dibuja una sonrisa espontánea en mi rostro". Noto cada vez más la luz de ese rostro que, sin hacer yo nada, ilumina el mío. Las dos sonrisas se hacen finalmente una sola. Ya no estoy "yo" ni está "ella"; solo hay Sonrisa. Y Silencio. Y ahí me quedo, en ese Silencio consciente y sonriente, dejando que la Vida sea y se exprese. ¡La siento tan viva!... Y no lograba salir de mi asombro esa mañana al experimentar un fondo de paz estable en mi interior, tras el "oleaje" violento de la angustia de los días anteriores. A lo largo del día fui experimentando que la causa se encontraba en Ana: su presencia y su sonrisa me estaban sosteniendo.

La forma en que se me regalaba sentir la presencia de Ana fue tan vívida que, al comentarla con Pello, un amigo sabio –que sabe ver–, me dijo: "Si mi intuición no me falla, creo encontrar un fuerte paralelismo entre tu experiencia después de la partida de Ana y la *experiencia pascual* de los apóstoles. Tus palabras me han traído a la memoria aquello que en un principio nos costaba asimilar: que la resurrección de Jesús, sin ser un hecho histórico, no era menos real".

Había dado en el clavo: la llamada "experiencia pascual" de Jesús no fue algo "cerrado" y reducido a su persona, sino algo que estamos llamados a vivir todos nosotros, tras la muerte de un ser amado.

Así es como entiendo la experiencia de aquellos primeros discípulos y amigos del Nazareno. Tras su muerte, no pueden negar la presencia que se les regala. Desde aquella certeza, y para tratar de dar razón de la misma, elaboran los llamados "relatos de apariciones", en clave religiosa y con el lenguaje (mítico) propio de la época. En síntesis, tal como lo veo, lo que todos esos textos están proclamando es la innegable presencia del crucificado en sus vidas.

Como ocurrió con todo lo relativo a Jesús, enseguida se pensó que aquello le pertenecía a él de un modo exclusivo, olvidando que lo que es Jesús lo somos todos, y que todos sin excepción estamos llamados a experimentar la muerte tal como ellos experimentaron la de su Maestro. Probablemente, se requiere amor, apertura y docilidad a lo que se regala, pero es una experiencia disponible para todo ser humano. Todos nosotros tenemos acceso a ese tipo de "experiencia pascual", en el lenguaje de mi amigo.

Hubo otro guiño poderoso que se me repitió en varias ocasiones. La primera de ellas tuvo lugar al despedirme de una pareja amiga con la que había pasado cuatro días que, gracias a su modo de vivir la presencia amorosa, resultaron balsámicos y terapéuticos. En el momento de la despedida, teniendo como horizonte nuestra –sigo sin poder llamarla "mi"– casa vacía, sentí una morriña que no experimentaba desde mis años infantiles en el internado, una melancolía con sabor a tristeza mortal.

Me despedí como pude, tratando de que no advirtieran demasiado mi estado y tomé el coche en dirección a Zizur. Al pasar por Estella –en cuyo instituto Ana había trabajado como orientadora durante varios años–, me detuve en un supermercado en el que a veces realizábamos la compra. Apenas entré en él, sentí que la tristeza se hacía incontenible, así que me refugié en el coche y empecé a llorar. Una vez evacuada la angustia más fuerte, sentí la necesidad de hablar con Ana: "Me encanta sentirte, Anusky, pero no puedo hacerlo en clave de ausencia. Tienes que ayudarme a sentirte como presencia". No sé qué ocurrió, pero fue instantáneo. Todo en mi interior dio un vuelco profundo. Como a golpe de un clic, se disolvió por completo la angustia, desapareció la melancolía, es esfumó la morriña y me sentí inundado por una paz que llenaba todo mi espacio. Automáticamente, me vi sonriendo, agradeciendo y diciendo en voz alta: "Ana, ¡cuánto poder tienes! Eres capaz de cambiar en un instante mi estado de ánimo". Volví a entrar en el supermercado con el rostro radiante, hice las compras imprescindibles y seguí viaje hacia casa, ahora cantando... junto con ella. Esa misma experiencia habría de repetirse en dos ocasiones más.

Sin embargo, por intensas y sorprendentes que fueran, esos regalos sublimes no evitaban que, en otros momentos, reaparecieran el dolor de la pérdida, el llanto y la angustia que todo lo nublaba. Así me encontraba en una de aquellas tardes, llorando su ausencia física mientras contemplaba su fotografía cuando, en medio del llanto, me pareció escuchar su voz suave y paciente que me decía: "Enrique, en lo profundo, en lo que somos, no ha cambiado nada". Y supe, con toda verdad, que así era.

Los guiños se sucedían y cada vez me parecía percibirlos con más frecuencia y claridad. Al cumplirse justo un mes de su accidente, me tocaba viajar a Madrid para ofrecer una charla en un congreso organizado por la Escuela Transpersonal, que fundó y dirige José María Doria. Era la primera actividad pública tras la partida de Ana. Como dije antes, decidí no cancelarlas porque sentí que su presencia me impulsaba a llevarlas a cabo. Así que, en la noche del día 15 de septiembre, le recordé que teníamos que "ir a una" en esa charla.

A la mañana siguiente, al llegar a la estación de ferrocarril en Pamplona, me encontré con una conocida que trabaja en

Renfe. Se acercó a saludarme y me dijo que el tren iba completísimo: "No cabe un alfiler". Subí al vagón y así era; apenas pude encontrar lugar para dejar el bolso. Sin embargo, cuando encontré mi asiento, observé que justo el que se encontraba al lado estaba vacío. Pensé que subiría alguien más o, quizás, que habría sacado el billete desde Tudela. Pero no fue así. El asiento permaneció vacío hasta Madrid: le sonreí a Ana y le hice un guiño, mientras le decía: "Eskerrik asko, Anusky, por haber sacado el billete para ese asiento; ¡cómo te agradezco que viajemos juntos!".

Ya en la charla –en un formato de entrevista dirigido por el propio Doria–, José María me insinuó que podíamos empezar hablando de Ana. Noté, a la vez, un vuelco como de susto y un impulso afirmativo. Miré hacia dentro a Ana y, de acuerdo con ella, le contesté: "¡Adelante!". Me sentí fluir, compartiendo lo que surgía como experiencia viva. Más allá de lo que aquello pudiera llegar a quienes estaban escuchando, experimenté una profunda confianza, que me decía: "Podemos afrontar de esta misma manera todas las actividades que nos esperan". Y ciertamente así fue, como tendremos ocasión de ver más adelante.

Los guiños se fueron sucediendo –en realidad, no han desaparecido nunca–, pero el regalo mayor me esperaba para el día de mi cumpleaños. Al llegar esa fecha, Ana siempre me (se) preguntaba: "¿Qué te regalaré este año?". En esta ocasión, necesité adelantarme y, en uno de mis diálogos cotidianos con ella, le pedí que me regalara serenidad y paz interior donde anclarme para poder vivir del mejor modo ese tsunami que me estaba desarbolando.

Dicho y hecho: a partir de ese día, a finales de septiembre, no experimenté ni siquiera una "ola" de tristeza, soledad, vacío o angustia, como en cada uno de los días anteriores. Desde la primera hora de aquella luminosa jornada me sentí –y me sigo sintiendo cuarenta días después, mientras escribo estas líneas– como "un mar en calma".

Vendrían en las semanas sucesivas acontecimientos importantes, que anteriormente había mirado con cierto reparo, porque intuía que mi sensibilidad habría de ser puesta a prueba: varios encuentros con grupos, de los que la propia Ana había formado parte, para trabajar las pérdidas y los duelos –siguiendo el libro recién publicado– y el homenaje que quisieron hacerle en Amezketa, su pueblo. Sin embargo, como por ensalmo, todos los reparos se esfumaron y se transformaron en confianza, al experimentar en todo ello la incesante y cuidadora presencia de Ana y la confianza serena que no me abandonaba. Viví los encuentros con más confianza, entrega, soltura y descanso que nunca y me emocioné vivamente al ser testigo de cuánto querían a Ana en su propio pueblo y en los diferentes grupos.

En todo el tiempo posterior, seguí echando de menos su presencia física a diario –a cada paso que daba, seguía habiendo algo que despertaba mi añoranza–, pero ahora podía vivirlo desde "otro lugar". Desde ese lugar donde me siento habitado por ella y me vivo con–ella, o más exactamente, en–ella, en todo lo que pretendo, planeo y realizo. Es el lugar de la unidad–sin–costuras, donde más allá de la forma –aunque mi cuerpo y mi sensibilidad la añoren–, vivo un amor como nunca antes había conocido.

En algún momento se despierta dolor e incluso llanto, pero ya no les temo. Al contrario, he experimentado que, si los dejo vivir sin añadidos mentales, no suelen durar más de quince o veinte minutos. Evacuado el dolor, vuelve la serenidad que nunca se había ido del todo.

Decía que los guiños no han terminado. Todavía hoy los sigo experimentando y, cuando ocurren, le sonrío, le hago saber que me he enterado y se lo agradezco. Celebro que en nosotros se hayan cumplido aquellas palabras de R. Tagore: "Cuando mi voz calle con la muerte, mi corazón te seguirá hablando". Con todo, el "guiño mayor" es la evidencia de que va conmigo –en mí– a lo largo del día, en todo momento, y que su presencia me reeduca. Esté donde esté, me resulta espontáneo dirigirme a ella y preguntarle qué hacer, acompasando mi paso al suyo. Y vivo eso como fuente de sabiduría –sé que, más allá de las formas limitadas e impermanentes, somos eso, ese estado, que ahora es Ana– y transformación.

6 Luz

El día de mi cumpleaños marcó, en el proceso del duelo, el paso de la noche al día, de la oscuridad a la luz, del desgarro a la unidad, de la pesadumbre al descanso, de la pérdida al encuentro. Pasado este tiempo, reconozco que el proceso de duelo se ha cerrado.

Debido a las ideas aprendidas sobre lo que "debe ser" un duelo y el tiempo que "debe" durar, al principio no terminaba de creerlo e incluso me parecía que no pocas personas esperaban de mí que lo viviera con más pesadumbre. Entendí que, con frecuencia, a la persona doliente se le desea que esté bien..., pero no mucho. Como si el dolor fuera signo de mayor amor hacia la persona que falleció. Sin embargo, mi experiencia era otra. Y me di cuenta de que –como escribió en su momento C.S. Lewis– "el dolor enconado no nos une con los muertos". Lo que realmente nos une es la verdad –solo la verdad construye, repara y transforma– y, en concreto, la apertura a la presencia.

En ocasiones, sin embargo, aún me cuesta creer que todo haya transcurrido de este modo. ¡Hasta ese punto pesan nuestras ideas y creencias aprendidas! Sin duda, estas tienen también una función que cumplir. En mi caso, me han servido para ser crítico frente a mi propia vivencia, preguntándome frecuente y honestamente: ¿no me estaré engañando?, ¿no estaré buscando un atajo que me aporte consuelo y me evite el dolor? Tales cuestionamientos me han servido para vivir de manera lúcida, sorteando la credulidad y verificando a cada paso los efectos que se iban produciendo en mi vida cotidiana. Y es eso lo que me ha permitido concluir que no se trata de una creencia, sino de una evidencia que se me impone desde dentro. Nunca busqué vivir algo así, ni siquiera imaginaba que fuera posible; sencillamente se dio, ocurrió, con gran sorpresa por mi parte. Y sé que la sorpresa genuina, como señalé en la introducción, es señal segura de que no se ha manipulado la realidad ni ha habido apropiación.

Y la realidad sigue ahí: cada mañana, al despertar –ahora mucho más temprano, porque el duelo modificó sustancialmente mis hábitos horarios, por lo que al sueño se refiere–, saludo a Ana con una sonrisa, le agradezco el regalo recibido y sostenido, me dejo empapar de su bondad experimentada como mimo y cuidado, le comparto la agenda de ese día y me siento tomado de su mano para llevarla a cabo. Y, antes del amanecer –siempre con ella–, dedico una hora a la práctica de la meditación, saboreando el silencio y dejándome transformar por él.

El regalo de Ana –el cierre del proceso de duelo– me ha transformado y me está haciendo vivir sorpresa, novedad, confianza, libertad, descanso, alegría, amor... El hecho de vivir-con-en-ella hace que me perciba más “vivo” y que, con mayor confianza y naturalidad, me deje vivir. Por lo que ahora incluso me resulta más fácil repetirme aquello que solíamos preguntarnos los dos en el último tiempo: “¿Qué quiere vivir la vida en mí? Que no sea lo que nosotros queramos, sino lo que la vida quiere”. Después de lo vivido, me llega con más hondura y radicalidad: lo que la vida quiere...

Recuerdo –pareciera que hubiera pasado toda una eternidad, siendo así que solo han transcurrido tres meses– cuando, apenas ocurrido el atropello y su partida, algunos amigos me escribían para consolarme utilizando expresiones como “la p. vida”, “la vida es injusta”, “esta maldita vida”... Y en aquellos momentos más duros me faltaba poco para suscribirlas. Sin embargo, ahondando en el corazón de lo real, atravesando el desconcierto y la oscuridad del dolor, emerge la luz que cambia radicalmente la perspectiva, haciéndome ver que la vida sabe, que no es injusta, aunque a mi mente se lo parezca en ocasiones, y que no puede equivocarse. He aprendido, espero que para siempre, que cuando tenga algún conflicto con la vida o me pelee con ella, el equivocado seré yo.

Porque, gracias a lo recibido y a lo que sigo recibiendo, celebro cada día la sorpresa y la novedad frente a la rutina y el acostumbramiento; vivo en gratitud frente a la ceguera y la reactividad; voy aprendiendo a dejarme fluir frente a mi neurótica rigidez –cuántas veces, querida Ana, me lo hiciste ver– y enfermizo afán de control; expreso y manifiesto la alegría que, no como sentimiento pasajero y voluble sino como estado de ser, aleja la oscuridad y los miedos; saboreo la libertad interior

–que creció y sigue creciendo gracias al "entorno seguro" que Ana supo y sigue sabiendo regalarme– frente a las distintas ataduras que todavía me retienen; puedo dejarme sentir el amor –la bondad que tanto he admirado en ti, Ana– y permitir que pase a través de mí para alcanzar a los otros; en definitiva, sigo aprendiendo a ser –¿recuerdas cuando nos repetíamos los versos de Jorge Guillén: "Solo ser. Nada más. Y basta. Es la absoluta dicha"– frente a lo que podría ser la tiranía del hacer. Y te recuerdo ahora con una sonrisa, cuando me decías: "Yo también he sido educada para estar siempre *haciendo*. Y no sé si no se ha terminado convirtiendo en una adicción". Ahora, por fin, querida Anusky, *solo eres*.

7 Enseñanza

Ana me ha enseñado que la muerte es un mito y que la presencia trasciende la forma física. Durante este tiempo me ha venido con frecuencia a la memoria la última despedida de Ana a su *amá*. Fue en Tolosa. Al terminar el tiempo del velatorio y antes de proceder a la cremación, la empresa fúnebre preguntó a la familia si deseaban despedirse una vez más de la madre. Ana accedió –en realidad, lo estaba deseando– y la acompañé. Al tomar la mano de su *amá*, no pudo contener el llanto y, tras un momento de dejarse llorar, exclamó: "*Amá*, ya sé que no estás aquí, pero yo he amado tanto este cuerpo..."

Ana me está enseñando que la persona que "se va" sigue activa, presente y más "viva" incluso que cuando estaba físicamente. Y que es posible establecer ahí un tipo de relación íntima, profunda, gozosa y transformadora.

Durante el primer mes y medio –el tiempo que duró el duelo–, sentí muchos miedos: miedo a no poder vivir sin ella, a no ser capaz de soportar el dolor, a la soledad, al futuro (¿quién cuidará de mí?), a no salir adelante sin su apoyo y compañía... Miedos que daban cuerpo a un sentimiento de impotencia, propia del niño abandonado y que auguraban un horizonte de hundimiento y desesperanza, consecuencia de la frustración. También por ello, tuve que volver a trabajar el encuentro con mi niño interior, que veía despertarse el fantasma del abandono que tanto había padecido.

En aquellos días, se grabó en mí un mensaje que nació de la soledad del inicio: "La veo en todas partes y no la encuentro en ninguna". Y a partir de ahí, fácilmente me deslizaba hacia el lamento y la tristeza. "Nada será como antes, nunca será lo mismo, no volveremos a caminar juntos de la mano, no jugaremos más al rummy en las tardes de lluvia, no sabré siquiera qué vestirme ni cómo «conjuntar» la ropa que me pongo (¡estabas tan atenta a eso!), te necesito para todo...".

Veo con claridad que todo eso sigue siendo cierto. Pero se ha hecho verdad en mí algo que dijo Margalida Estarellas: "El duelo es saber que todo volverá a ir bien, pero nada volverá a ser igual". Nada será lo mismo que antes, pero todo está bien.

Hasta que no se me regaló su presencia estable, conocí la tristeza como pendiente resbaladiza, atrayente y atractiva. Algo tiene la tristeza que fácilmente nos atrapa y nos dejamos deslizar por ella, en una especie de pseudo–auto–compasión, vulgar lástima que, en forma de espiral, nos introduce en un pozo que carece de salida. Tal vez sea porque, en medio del dolor crudo, no alcanzamos a ver otra forma de (aparente) consuelo que la de encerrarnos en la pena, sin advertir que es pariente cercana del victimismo. O tal vez porque, de ese modo, aun sin ser conscientes de ello, estamos buscando el consuelo de los otros, tal como en ocasiones hacen los niños, en una especie de mecanismo de defensa ante una soledad que les resulta insoportable. Visto así, "dar pena" es otra manera (inconsciente) de mendigar amor. Todo ello explica la dificultad para, sin negarla, tomar distancia de la tristeza sin caer en la trampa de reducirnos a ella.

Esta pena alimentada, la tristeza rumiada, me parece casi tan peligrosa como la culpa. Son trampas que es preciso superar, situándose en otro lugar. Algo que a mí se me regaló gracias a la presencia viva y actuante de Ana. Y es ahí donde constatas que todo vuelve a ir bien, más aún, que todo está bien. Y comprendes que, aunque legítimos e incluso inevitables en su momento, todos aquellos miedos son solo expresión de un yo que se ha sentido frustrado en lo que más apreciaba.

Ocurre lo mismo con la muerte. El yo puede llegar a torturarse pensando que es el final de todo o preguntándose ansiosamente qué ocurre después del morir. Pero eso únicamente le interesa al yo (o ego). Cuando se te regala vivir la presencia cálida, amorosa y activa en la Presencia que somos, desaparecen, tanto el miedo a la muerte como la preocupación y la pregunta por el "más allá". O dicho de manera más tajante: el miedo a la muerte desaparece cuando te entregas a la vida, porque comprendes que eres uno con ella.

Recuerdo las palabras de José Luis Sampedro en una entrevista que le hicieron en un diario de tirada nacional, al cumplir noventa y cinco años. Tras un diálogo inicial, la periodista le preguntaba si tenía miedo a la muerte. Él sonrió, antes de contestarle con estas palabras: "Frente al exterior que no podemos conocer del todo hay una actitud de inquietud e indefensión. Eso nos lleva a decir: voy a transformar el mundo, como dicen ahora. Yo no pretendo cambiarlo, sino estar en armonía con él, y eso supone una vida que cursa como un río. El río trisca montaña abajo, luego se remansa, y llega un punto, como estoy yo, en que acaba. Mi ambición es morir como un río, ya noto la sal. Piense en lo bonito de esa muerte. El río es agua dulce y ve que cambia. Pero lo acepta y muere feliz porque cuando se da cuenta ya es mar".

Solo el yo teme la muerte. Porque de la misma forma que el río, al llegar al mar, pierde su nombre, el yo perderá la forma –todo lo que nace, muere; todo lo impermanente es solo *en apariencia* real– para reencontrarnos en la verdad que somos, más allá de la forma transitoria en que nos hemos experimentado. En realidad, el río era solo una *forma* temporal que adoptaba el agua; agua es lo que siempre había sido y lo que continúa siendo cuando, al desembocar en el mar, la forma acaba, perdiendo incluso su propio nombre.

Puede que la pregunta siga en pie. En aquellos días de tanto dolor y desconcierto, en un largo diálogo que mantuve con el hermano de Ana, recuerdo que me decía algo así: "Solo quiero saber qué pasa después de la muerte". Y le dije lo mismo que digo cada vez que me formulan esa pregunta: "No lo sé, Mikel, no tengo ni idea. Y no hablo de nada que yo mismo no haya experimentado. Así que solo podría dar razón de ello una vez que muera. Sin embargo, sí sé lo que ahora mismo estoy viviendo: la evidencia de Ana presente en mí, unidos en la misma y única Presencia".

No necesito absolutamente nada más. Esto que Ana me hace vivir es lo que me lleva a afirmar que la muerte –el gran tabú de nuestra cultura y la peor amenaza para el yo– es solo un mito.

Ana me ha enseñado también –aun rompiendo un prejuicio asentado en ideas comunes– que el duelo no es solo dolor y que no es interminable. Y que entenderlo así es solo otro mito más.

Soy bien consciente de que cada duelo es único, como única es la forma que cada persona tiene de *adaptarse* –eso es el duelo: un proceso de adaptación– a la nueva realidad tras el fallecimiento de un ser amado. Y respeto profundamente el proceso de cada cual. Sin embargo, en mi caso, el duelo ha estado siempre habitado por su presencia –aun, cosa que me resultaba casi inexplicable, en los peores momentos de vacío y de angustia– y se ha cerrado en un mes y medio.

Tal vez el duelo se haga interminable en la medida en que nos encerramos, aun sin advertirlo, en el "dolor enconado" –por utilizar la expresión ya citada de C.S. Lewis–, en el enfado, la culpa, la tristeza, la pena o el resentimiento. En definitiva, cuando (y porque) terminamos siendo prisioneros de nuestro yo dolorido y frustrado, quedando ciegos ante la presencia sin límites de la persona que partió. Porque, quizás, para poder percibir la presencia que se nos regala, se requiere, al menos en cierta medida, trascender el yo y vivir en ese mismo estado de presencia que somos.

He nombrado la culpa. Constituye una de las trampas más peligrosas a lo largo de todo el proceso del duelo. Celebro y agradezco que no haya aparecido en mí ni un solo instante en estos tres meses. Sin duda, porque la relación con Ana fue siempre transparente, porque habíamos trabajado el llamado sentimiento de culpa con el objetivo de desenmascararlo y porque no quedaron reproches pendientes. Pero soy testigo del modo como la culpa complica con frecuencia la vivencia del duelo, encerrando a la persona en una espiral de autorreproches y generando una rumiación obsesiva en torno a todo lo que su mente le dice que podía haber hecho y no hizo. Frente a tal engaño, es preciso reconocer y asumir con firmeza, frente a cualquier tipo de parloteo mental, que en cada momento hicimos lo que supimos y pudimos. Tal vez, visto desde ahora, pudimos haberlo hecho mejor. Pero *no es justo culparse por algo del pasado desde la luz que hoy tenemos*. En su momento vimos lo que pudimos ver y vivimos lo que nos fue posible vivir. Cabe, ciertamente, la responsabilidad de lo que hicimos y de lo que dejamos de hacer, pero nunca la culpabilidad.

Pero no solo la culpa es una dirección radicalmente errada. Ana me está enseñando también que la pena y la tristeza prolongadas y alimentadas mentalmente tampoco son el camino. Quienes se han ido quieren ayudarnos a vivir, no que nos encerremos en un sufrimiento, añadido por la mente, tan agudo como inútil y estéril.

Y me enseña, finalmente, para escándalo de ciertas mentes que lo lean, que la pérdida encerraba un inmenso regalo, y que toda pérdida puede serlo, si vivimos una apertura que, acogiendo el dolor y de ese modo sanándolo, nos permita encontrarnos en aquella identidad que siempre hemos compartido. Soy testigo –y por ello puedo hablar con "autoridad" (del latín *augere:* aupar, levantar, ayudar a crecer), gracias a mi propia experiencia– de que la nueva forma de presencia tras la ausencia física constituye una poderosa fuerza de transformación. Es eso lo que me lleva a decirme, a cada rato, que Ana me está transformando, me está haciendo "mejor persona". Ante esa constatación, le sonrío, le guiño un ojo y le digo: "Querida Anuskita, tienes tarea...".

8 Comprensión

Me sonrío al recordar el comentario pícaro de Ana siempre que le compartía el tema de alguna charla que me habían solicitado: “No sé cómo empezarás, pero sí sé cómo terminarás, porque siempre concluyes en el mismo punto”.

El “punto” al que se refería no era otro que la comprensión no-dual. Decía, con acierto, que podía desarrollar un tema de manera original, incluso llamativa, pero que siempre me iba dirigiendo, como en espiral, hacia “Eso” que trasciende las formas y que, tal como lo veo, contiene la clave de comprensión de lo real.

Solía responderle que no podía hacerlo de otro modo, ya que la clave de comprensión siempre es la misma. Y que, si hubiera dicho otra cosa, en algún momento estaría mintiendo. Finalmente, no solo me daba la razón, sino que me animaba a seguir repitiéndolo e incluso me pedía que lo hiciera lo más fácil posible, recurriendo a metáforas y encontrando el lenguaje más simple.

Fue ella precisamente quien tanto me insistió para que elaborara el libro sobre *"Metáforas de la no-dualidad"*[2], probablemente con el que más se sintió identificada. Y es en ese libro, que recoge hasta setenta metáforas diferentes, donde con más claridad se advierte aquello de que "siempre concluyes en el mismo punto", ya que cada una de esas metáforas –del griego *meta–pherein*: llevar más allá, trasladar– no busca sino apuntar hacia aquello que, siendo el núcleo de lo real, es inapresable, precisamente porque no es un objeto o una forma. Lo realmente real –lo que es– no es un objeto; es "lo-sin-forma".

De todas ellas, había dos que le gustaban particularmente: la del remolino y la de las joyas. Una gran corriente de agua avanza vertiginosa, río abajo. De pronto, al encontrar un obstáculo en su recorrido –un árbol caído, una gran piedra–, el agua toma la forma de un remolino que empieza a girar sobre sí mismo. Si el remolino tuviera mente, pensaría de inmediato: "soy un remolino –esa creería ser su identidad– y la corriente de este río es una amenaza de la que debo defenderme". A partir de ese momento, no podría evitar el miedo a ser disuelto, ni la tensión ni el estrés, en un esfuerzo titánico por tratar de sostenerse a toda costa.

Tal metáfora, me comentaba, describe bien lo que nos ocurre. Creemos ser un remolino y caemos en la ignorancia de creernos separados y distintos del agua, haciendo de la personalidad nuestra identidad. De ese modo, el personaje (el

2. *Metáforas de la no-dualidad. Señales para ver lo que somos*, Desclée De Brouwer, Bilbao 2018.

yo) se erige en protagonista, haciendo que todo gire en torno a él: creemos que la realidad es tal como él la ve y actuamos girando en torno a sus intereses. Solo cuando el remolino "caiga en la cuenta" de que es agua, cesará toda confusión y podrá fluir en la corriente que es, con lo que su perspectiva, su modo de ver y de actuar, se modificará sustancialmente.

Somos agua que cree ser un remolino. Ahí radica nuestro "pecado original", en cuanto es el origen de todo nuestro sufrimiento (no hablo de dolor) y nuestra primera creencia errónea, madre de todas las demás, que consiste en pensar que estamos separados de la vida. Con ese presupuesto axiomático, ¿cómo podríamos evitar la confusión y el sufrimiento?

Únicamente el reconocimiento o la comprensión de que somos agua (vida) cambia radicalmente nuestra mirada, regalándonos otro modo de ver la vida... y la muerte. Porque el remolino corre peligro desde el mismo instante en que aparece; el agua, por el contrario, nunca se ve afectada.

Mientras exista nuestra personalidad, seguiremos siendo remolino –es la forma en la que nos estamos experimentando–, pero el problema no está ahí, sino en el *olvido* –esa es la ignorancia– de que, en la forma de remolino que cada cual nos manifestamos, lo que realmente somos es agua.

Lo mismo ocurre con el oro, en otra de las metáforas que llamaban su atención. Un hábil orfebre puede deshacer una joya de oro para transformarla en otra: collares, pulseras, anillos, colgantes, diademas... Cada una es diferente, aunque todas son oro. Cada una de ellas puede desaparecer; sin embargo, el oro nunca se ve afectado. Cambia la forma que había adoptado, pero permanece la "sustancia" que la constituía. Un anillo que olvidara ser oro, se vería constantemente inestable y, por tanto, amenazado. Solo sabiéndose oro, podría tomar distancia de su forma de anillo, del que en ningún momento habría hecho su identidad.

Oro y anillo, agua y remolino no son dos realidades separadas. Tampoco son la misma cosa. *Son no–dos*. Y necesitamos el recurso a esta formulación negativa si queremos hacer justicia a la realidad. Esto es lo que se conoce como no-dualidad *(advaita)*. No puedo decir que el anillo de oro sea uno sin caer en el riesgo de olvidar o ignorar algo. Pero tampoco puedo decir que sean dos, ya que resultan, no solo inseparables, sino compartiendo la misma "sustancia". Lo mismo vale para el agua y el remolino: ¿cómo no van a ser lo mismo si el remolino solo es agua? Pero, sin embargo, no son uno. Solo puede expresarse la paradoja afirmando que son no–dos.

La paradoja, que se halla presente en toda la realidad, nos constituye también a nosotros. Eso explica que nos veamos reflejados en esas metáforas. En nosotros hay una forma que cambia, impermanente y fugaz, incluso efímera, pero hay algo que permanece estable. Somos un anillo único y somos oro, somos un remolino inestable y somos agua. Somos una personalidad (el yo) y somos una identidad (la consciencia o la vida).

La ignorancia consiste en olvidar nuestra identidad, reduciéndonos al personaje. La comprensión o sabiduría abraza nuestra realidad completa, en una visión ajustada y armoniosa.

Utilizando otros términos para nombrar nuestra paradoja, podemos hablar de "forma" y de "presencia". La forma se halla constituida por nuestro cuerpo, mente, psiquismo, historia...: es lo que llamamos "yo". La presencia apunta hacia un estado de ser que sostiene todas las formas y que podemos experimentar en nosotros mismos, ya que se halla en todo momento disponible y a nuestro alcance. De hecho, al acallar la mente, que no puede moverse fuera del mundo de las formas, podemos percibir la presencia que nos habita. Si prestamos atención y, en lugar de *pensar* en ella, sencillamente la *atendemos*, no tardaremos en percibir que tal presencia no es "algo" que tengamos o aparezca ahí, sino aquello que nos constituye, lo que realmente somos. Las formas pasan, la presencia (consciencia, vida) permanece.

En el camino espiritual no existen dogmas ni creencias; y es sabio aceptar únicamente aquello que cada cual puede experimentar. Pues bien, atendiendo a nuestro interior, no será difícil, cuando se agudiza nuestro "sentido interno", percibir en nosotros "algo" que late o vibra y que tiene sabor de consciencia y de vida. Ahí se nos abre la puerta para avanzar en nuestra indagación: ¿qué es eso que está más allá de la forma que puedo percibir con los sentidos y la mente y que, en cuanto presto atención adecuada, siento que me "reclama"? Abierto el camino, solo queda practicar el silencio de la mente y mantenerse en él.

Imagino a Ana riéndose –como decía ella– "más a gusto que veinte", al constatar ahora que ha sido justamente su partida la que me ha llevado a ahondar en la unidad que somos, es decir, en "aquel punto donde concluyes siempre". Y es así. Más allá de la "forma" Ana, los regalos que recibo de ella, el regalo indescriptible de su presencia hace que la reconozca en lo que es, en el mismo movimiento en el que me reconozco a mí. De una manera experiencial, siempre a partir de (y gracias a) su regalo, he comprendido que, más allá de nuestras formas de remolino o de anillos, somos la misma agua o el mismo oro, que acaban reconociéndose y reencontrándose en su verdad y, por tanto, en su unidad.

En este sentido, la partida de Ana me ha hecho reencontrarla y reencontrarme. Y ella se empeña cada día en que no lo olvide. Lo que nombro como regalo de "su" presencia y que, ciertamente, se halla "adornado" con los recuerdos de lo vivido gracias a la memoria, es, en realidad, la Presencia una que todos compartimos.

La memoria gira en torno al yo. Y tal vez, en medio del dolor provocado por la pérdida de quien se fue, nos traiga recuerdos alegres del pasado compartido. Como seres sensibles que somos, resulta inevitable que ese contraste nos duela. Pero también los recuerdos terminan y queda aquello que los sostenía. Quizás un día olvide muchas de las cosas que hacíamos juntos o quizás el mismo recuerdo se vaya desvaneciendo, por más que ahora esté aún muy vivo. Sin embargo, lo que nunca podré olvidar es lo que era y es Ana, más allá de todas aquellas cosas y experiencias que pudimos compartir.

Y porque no lo olvido, todos los días, cuando me siento a meditar, dedico un tiempo de la práctica para vivir su presencia, dejándome sentir su amor hacia mí y mi amor hacia ella.

Siento que ese amor me pacifica, me ensancha, me fortalece, me resitúa y me hace mejor persona. Es su regalo cotidiano, con el que me espera cada madrugada.

Las formas pasan, lo que somos permanece.

9 Actividad

Antes de terminar el curso, en el mes de junio, fuimos preparando con Ana la actividad para el inicio del siguiente. Veníamos de realizar un encuentro de fin de semana sobre cómo acoger al niño o a la niña interior, en el que ella había puesto tanto mimo como entusiasmo, con resultados muy satisfactorios. La tarde de ese domingo estaba eufórica, lo celebramos con una rica comida y un largo paseo, mientras conversábamos acerca de lo vivido en el encuentro. Y con ese mismo impulso, en el mes anterior a sus vacaciones, dejamos organizada la agenda para octubre que, aunque bastante cargada, nos pareció asumible. ¿Cómo pensar que tendría que asumirla yo solo y en medio del duelo por su pérdida?

Tras el accidente, como he dicho anteriormente, pensé cancelar toda esa actividad, y así me lo aconsejaban muchos amigos. Al final la mantuve gracias a la confianza que me aportaba el hecho de sentir la presencia de Ana. Resultó decisivo que prácticamente todas las actividades tuvieran lugar después del gran regalo que recibí a finales de septiembre. Eso hizo que las pudiera vivir desde ese "otro lugar" que se había afianzado en mí.

A todas fui con la conciencia clara de que ella, no solo me acompañaba, sino que, en cierto modo, se iba a expresar a través de mí. De hecho, así me lo reflejaron en cada una de aquellas actividades: "Veo en ti la sonrisa de Ana", "te veo diferente, mucho mejor que antes", "tienes otra luz"... No puedo saber qué había de objetivamente cierto en todo ello o qué podía haber de proyección o incluso imaginación. Pero yo sé bien lo que vivía, como he señalado antes, en forma de confianza, entrega, soltura y descanso.

Al contar con ella y dialogar acerca de la actividad que habíamos de desarrollar, me venían a la memoria algunos de sus comentarios relativos a esta cuestión. Muy al inicio siempre me decía que le había gustado mucho escuchar, ya en la primera charla en la que me conoció, aquello que suelo repetir: "No creas nada de lo que digo; escúchalo, mira lo que produce en ti y compruébalo por ti misma". Y con mucha más frecuencia me insistía en que diera pistas precisamente para que cada persona que estuviera motivada pudiera indagar por sí misma.

Y en ello he tratado de poner el foco, en ofrecer pistas que puedan favorecer el crecimiento en comprensión para vivir, de manera cada vez más honda y continuada, en la consciencia de unidad. Porque considero que justo ahí se halla la clave, que puede formularse en modo de interrogante: habitualmente, ¿vivo en (desde) una consciencia de separatividad o en la consciencia de unidad?

Se trata de una cuestión decisiva, por cuanto únicamente podemos vivir en uno de esos dos lugares. La consciencia de separatividad se corresponde con el estado mental y el protagonismo del yo y se caracteriza por la creencia básica en la separación. La consciencia de unidad, por el contrario, se corresponde con el estado de presencia, de silencio de la mente y trascendencia del yo, que se plasma en la vivencia de unidad.

¿Qué actitudes pueden favorecer el camino de la autoindagación? Sin entrar ahora en mayores detalles específicos, me atrevería a señalar tres actitudes absolutamente básicas: el amor hacia sí, la práctica de situarse en el Testigo y la de entrenarse en el silencio de la mente.

La autoacogida y el amor a sí mismo constituyen el ingrediente básico e imprescindible para construir una personalidad armoniosa e integrada. Y, sin negar contadas excepciones, lo que llamamos "yo" requiere ser integrado para poder ser trascendido. Sin amor humilde e incondicional hacia nosotros mismos –amor que es también, por su propia dinámica, universal–, aun sin ser conscientes de ello, viviremos compensando, de un modo u otro, nuestras carencias.

Una personalidad más o menos desestructurada consumirá toda su energía en tratar de sostenerse y tendrá difícil el acceso a otros niveles de consciencia. Eso explica que el amor a sí mismo y, más en general, el trabajo psicológico necesite del cuidado diario[3].

3. Sobre esta cuestión, así como la articulación de psicología y espiritualidad, remito a lo escrito en *Psicología transpersonal para la vida cotidiana. Claves y recursos*, Desclée De Brouwer, Bilbao 2020.

Ana me insistía con razón en que subrayara la importancia del trabajo psicológico y que realizara cursos o escribiera libros que se centraran prioritariamente en esa cuestión. No descuidaba en absoluto la dimensión transpersonal –la vivía–, pero era conocedora, también por propia experiencia, del lastre que puede suponer una problemática psicológica no elaborada ni resuelta.

Una segunda vía de autoindagación pasa por ejercitarse en situarse en el Testigo, de manera consciente y voluntaria. Para ello, como paso previo, se requiere experimentar en uno mismo esa doble instancia o doble lugar al que todos tenemos acceso. En mi caso personal, allá por los años noventa, fue una experiencia transformadora que marcó un punto de inflexión y de no retorno. Para Ana, tal como ella me compartía, supuso el inicio de un cambio liberador.

En cada uno de nosotros hay un pensador (mente o yo), con el que habitualmente nos hemos identificado, hasta reducirnos a él. Así se explica que, en la práctica, hayamos podido vivir como si solo fuéramos mente y como si el yo constituyera nuestra identidad última. Ello se ha visto sostenido y alimentado por la cultura occidental que hizo de la razón y del yo individual los valores supremos. En realidad, a decir de Raimon Panikkar, ambos son los dos grandes mitos de Occidente.

Más allá de la mente, en otro "lugar", hay en todos nosotros un centro de atención, una capacidad de observación o atención, que nos permite observarla a distancia. Es lo que habitualmente se designa como Consciencia-testigo o, simplemente, el Testigo.

La mente piensa; el Testigo atiende. Y eso es tan cierto que, en cuanto somos capaces de observarla, el pensamiento se detiene. La mente analiza, discrimina, juzga. El Testigo observa, atiende, no-juzga ni etiqueta.

Mientras estamos en la mente no podemos salir de la identificación con el yo, creado por ella misma, así como tampoco logramos liberarnos de la tiranía mental. Sin embargo, basta entrenarse en observarla para apreciar que la mente solo es una herramienta a nuestro servicio. A partir de ahí, la utilizaremos siempre que la necesitemos –es lo que llamamos la "mente funcional"–, pero dejaremos de vivirnos como marionetas en manos de la "mente pensante".

El Testigo es el lugar de la ecuanimidad y del no-juicio. Así como la mente nos sitúa en una consciencia de separatividad, el Testigo nos conduce a la consciencia de unidad. Es claro: pensar, separa; atender, une.

Como la buena pedagoga que era, llegados a este punto, Ana siempre preguntaba: ¿Y cómo se puede facilitar ese paso?, ¿qué hacer para experimentar el Testigo por uno mismo?

Hay dos caminos que corren paralelos: por un lado, juega a observar tus propios pensamientos; por otro, ábrete a percibir en ti un centro de atención o capacidad de observar y de atender: sencillamente, cae en la cuenta de que eres consciente, eres atención. Eres consciente de ser consciente. Reconoce esa capacidad tuya y sitúate en ella.

Con respecto a lo primero, no hablo de analizar los pensamientos, ni de pensar sobre ellos –tarea que podrá ser necesaria en otro momento–, ya que eso sería añadir un pensamiento más. Se trata de algo mucho más descansado. Obsérvalos como si fueran nubes que pasan, como si fuera una película, mientras tú estás situado fuera, en una cómoda butaca, contemplando cómo se desarrollan. No hay nada más que hacer: ese es, por ahora, todo el entrenamiento.

Rápidamente te harás consciente de que, al observarlos, se detienen. No es posible pensar y observar (atender) a la vez. De ahí que, mientras dura la atención, no hay pensamiento, sino solo un inmenso vacío (de pensamientos) lleno de atención. De ese modo, la atención, no la mente, nos va conduciendo a nuestra verdadera identidad, más allá de lo que solo era una "identidad pensada" (el yo).

Con respecto a lo segundo, de la misma manera que has desarrollado –con frecuencia, hasta el extremo– la capacidad de pensar, entrénate en vivir tu capacidad de atender. Solo atender. Experimenta ese momento mágico en que la mente se detiene y únicamente hay atención. Como cuando contemplas, sin pensar, algo bello que te atrapa: un amanecer, un atardecer, una noche estrellada, el mar, un paisaje, un árbol, una montaña, un río, una planta, una flor, una gota de rocío sobre una brizna de hierba, un pájaro, una sonrisa, un rostro... Sabes que atiendes cuando el pensamiento queda completamente suspendido, no hay juicios ni etiquetas; solo atención desnuda y descansada. De hecho, en el momento mismo en que pones una etiqueta, ya has dejado de atender. Es lo que quería expresar Krishnamurti con estas palabras:

"Cuando a un niño le enseñas que un pájaro se llama «pájaro», el niño no volverá a ver el pájaro nunca más". Verá solo la etiqueta "pájaro" o la idea que se ya se ha hecho del mismo. La atención trasciende las etiquetas, o mejor, las silencia. Solo esto es "ver"; lo demás es *pensar* que vemos.

Una vez que has experimentado lo que es atender –la mente detenida–, solo queda seguir practicando con perseverancia, para ir superando la inercia que tiende a reducirnos a la mente y, de ese modo, abrirnos a este otro lugar.

La práctica nos permitirá vivirnos cada vez más desde el Testigo en nuestra vida cotidiana. Y comprobaremos que, desde él, no se descuida nada; se vive todo lo que es preciso vivir, se atiende todo lo que es necesario atender, pero desde el "buen lugar", desde la consciencia de unidad. Habré comprendido que *tengo* mente, pero *soy* consciencia. Es esta y no aquella la que realmente me define y me identifica. Y, junto con la capacidad de *pensar*, cuidaré y desarrollaré la capacidad de *atender*, experimentando luego los efectos que produce.

La tercera vía de autoindagación que quiero proponer consiste en cuidar el silencio de la mente. Viene de la mano de la anterior. De hecho, basta poner atención para que se haga silencio en nuestro interior. En este sentido, meditar es sinónimo de atender hasta que, gracias a esa misma práctica, se trasciende incluso la dualidad que implica el hecho de estar atendiendo algo para que solo quede atención desnuda, silencio consciente, solo estar.

Desde un punto de vista pedagógico, quizás sea aconsejable empezar practicando el silencio de la mente en tiempos breves. Poco a poco, la misma práctica hará que nos enamoremos del silencio, al experimentar toda la riqueza que nos aporta, lo anhelemos y vayamos logrando maestría para permanecer en él.

Desde que tengo memoria y, aun con todas las limitaciones, miedos y confusión que viví durante años, siempre me sentí orientado a ayudar a los demás a comprender y a vivir, embarcado yo también en esa misma tarea. Sin embargo, desde que conocí a Ana me sentí todavía más espoleado, a la vez que más cuestionado y comprometido personalmente.

Ha sido un regalo –otro más– intentar vivir todo ello en la vida cotidiana, con el espejo constante de alguien a tu lado. Las relaciones, y más cuanto más íntimas, tienen el poder de sacarnos de cualquier ensueño narcisista y ponernos frente a nuestra propia verdad desnuda, con sus luces y sus sombras. De la misma manera, si sabemos vivirlas con un mínimo de limpieza, las relaciones van limando y puliendo todo aquello que en nosotros requiere ser atendido y sanado. Si, además, la persona con la que vivimos la relación es transparente y amorosa, alegre y agradecida, paciente y comprensiva, humilde y estimulante, hemos encontrado un tesoro. Y eso fue Ana para mí.

10 Bondad

Al llegar a este punto del relato, me siento detenido. Me detiene, querida Ana, el hecho de contemplarte en tu belleza. Sabes tan bien como yo que, en cada persona, la belleza adopta un "modo" diferente. Y que "aunque todos tengamos de todo", en cada persona, los mismos ingredientes conforman un perfil diferente y único. ¡Cuánto asombro y cuánta admiración cuando somos capaces de vernos de esa manera! Y así es como tú sabías ver.

En tu caso, Ana, la belleza había adoptado el "modo bondad". Entre las brumas de una memoria ofuscada por el estado de shock que me produjo tu partida, me parece recordar que, cuando en el cementerio, me pidieron decir unas palabras, solo dije dos cosas: que nunca había experimentado un dolor tan intenso y desgarrador y que, si tuviera que definirte en una sola palabra, no me cabía ninguna duda de que esa palabra era "Amor".

También a ti, Ana querida, se te podría aplicar aquella expresión en la que un discípulo quiso sintetizar lo que fue la existencia de Jesús de Nazaret y de la que en alguna ocasión dijimos que constituía el epitafio más sublime y más humano: "Pasó por la vida haciendo el bien". Esas palabras se han cumplido en ti.

He sido tantas veces testigo de tu bondad y compasión hacia tus alumnos, aquellos chicos y chicas, cuyas fotografías me hacías ver en tu cuaderno tan bien cuidado y cuyos nombres –marroquíes y subsaharianos, muchos de ellos– casi logré aprenderme... El modo como hablabas de ellos, los atendías, los escuchabas, te preocupabas, no era sino expresión de la bondad que eres. Por eso, aunque celebré que lo hubieran percibido, no me extrañó nada que dos profesores compañeros tuyos, cada cual por su lado, me dijeran: "Ana era el corazón del instituto".

Y en el pequeño homenaje, cargado de emoción, que te hicieron en tu pueblo, aun desentonando con mi castellano en medio del euskera, alcancé a decir que, al pensar en ti, me brotaba siempre una pregunta que era, al mismo tiempo, admiración, y que tantas veces te había compartido: ¡¿Cómo puede caber tanta bondad en un ser humano?! Recuerdo que, cuando te la decía a ti, sonreías, bajabas la vista porque te sentías abrumada, me hacías un guiño como para despistar..., pero no podías negarlo. ¿Realmente me ves así?, me preguntabas. Sin ninguna sombra de duda, te respondía. Y los dos nos hacíamos más conscientes y poníamos palabras a lo que mutuamente estábamos viviendo: las personas que *saben vernos* y que nos aman bien hacen que nos gustemos más a nosotros mismos. Era mutuo: al sentirme mirado por ti, viéndome con tus propios ojos, incluso después de tu partida, me gusto más; de la misma manera, recuerdo cuando me comentabas que, viéndote desde mis ojos, te acogías a ti misma con mucho mayor gusto y facilidad.

A medida que te fui conociendo y queriendo, admiré más y más tu bondad, hecha de no-juicio, presencia, atención, cuidado, compasión, servicio, entrega, humildad, alegría... Por eso, no me extrañaba que tantas personas me dijeran y me sigan diciendo hoy: "Ana es (era) un ser especial".

Seguro que tú serías la primera en decir –porque te conozco– que "todos somos especiales". Y tienes razón. Toda comparación está fuera de lugar; es solo el ego quien la activa porque constituye uno de sus alimentos. Eras, como todos, un ser *haciéndose* y, al mismo tiempo, en nuestra admirable paradoja y realidad no-dual, plenitud. Todos somos, *a la vez,* proceso y completitud, persona y presencia, mente y consciencia... Lo estoy escribiendo, Ana querida, y me parece ver tu sonrisa mientras escucho: "Ya has vuelto al punto de siempre". Pero no puedo hacerlo de otro modo, porque no puedo olvidar –ni dejar de decir– lo que somos realmente. Y, al situarme ante ti, me brota de manera espontánea. Porque, junto con la bondad, tu otro don era la transparencia: tu persona transparentaba (transparenta), como un espejo nítido, la plenitud que somos todos. ¿Cómo no tendría fácil llegar a ese punto?

Al contemplarte, me veo y soy mejor persona, más transparente y más bondadoso. Ya sabes, Ana, todo se termina contagiando. Y ha sido –está siendo– un don impagable contagiarme de ti. Sin duda, en eso consiste ser un regalo unos para otros.

La experiencia de duelo, tras tu partida, más allá del estado de shock en que me sentí sumido inicialmente, ha ido abriendo un horizonte de luz y me ha permitido ahondar en nuestra unidad. Experimento a diario que es imposible perder lo que ya, definitivamente, forma parte de nosotros. Por eso, aun con un infinito respeto a las personas dolientes, siento que he perdido el miedo a los duelos, de la misma manera que se ha desvanecido el miedo a la muerte. Ha sido la experiencia vívida de unión contigo, la presencia que me regalas constantemente, la que me hace ver que el duelo, así vivido, constituye una apertura a la trascendencia, porque palpas en primera persona que somos más que las formas.

Me has enseñado, de manera experiencial y acompañada, que el duelo contiene en su núcleo luz y vida, apertura a la profundidad de lo que somos, acceso a Eso que habitualmente dejamos de lado por estar sumidos en la ignorancia o, simplemente, en la vacuidad de una vida superficial. Nunca te lo agradeceré lo suficiente, aunque ahora tampoco es ya necesario.

En aquellos días de mayor desconcierto y de dolor más intenso, un amigo me hizo llegar una viñeta con esta frase: Cada vez que hago "crack", algo dentro hace "clic". Como tú solías repetir con tanta frecuencia, todo lo que nos ocurre nos propone un aprendizaje, nos invita a ir "más allá" de lo conocido, encierra una promesa de vida. Es cierto que ese proceso no suele ser automático; requiere, más bien, apertura, disponibilidad, docilidad, flexibilidad..., en definitiva, trascender el yo, su mirada reductora y sus estrechos intereses. El duelo y la muerte nos enseñan, si sabemos aprender, que hay vida más allá de la mente, más allá del cuerpo y de toda forma, más allá del yo.

¿Cómo continuar ahora, querida Ana? No lo sé, solo quiero dejarme fluir con la vida, un fluir que tu presencia me facilita, porque me hace descansar y permanecer en la consciencia de unidad, en la unidad que somos. Sé que todo se irá dando mientras viva en apertura y en confianza. Y sé también que no controlo nada. He aprendido que la actitud adecuada es la aceptación profunda que llega a la rendición y a vivir diciendo sí a lo que la vida trae en cada momento. Actitud que, en contra de lo que pareciera y de lo que piensan no pocas personas, no solo no tiene nada de resignación, sino que se halla dotada de un dinamismo poderoso que mueve a hacer todo lo que en cada momento es posible.

Así seguiré, Ana, con todo lo que hemos vivido y aprendido juntos; con todo lo que tú –no tengo ninguna duda– me vas a seguir enseñando. Tú estás de mi parte y quiero ser feliz contigo. Me has regalado otro modo de presencia y otro modo de relación que ya no puedo perder, que permanece estable, porque se encuentra más allá de las formas. Y los dos compartimos la certeza de que ahí, en la verdad de lo que somos, como tú misma me has recordado, todo está bien. Todo ha estado bien. Solo es cuestión de saberlo ver, de situarse en el "lugar adecuado", más allá de la miopía de la mente que pretende dogmatizar desde su cortedad de miras.

Que todo esté bien no significa que todo le vaya a ir bien a mi yo. De esto también tú sabes mucho, al experimentar en ti misma, a lo largo de tu vida, tantos momentos de desconcierto, dolor e incluso atonía vital. Sé que aparecerán dificultades, volverá el dolor y sentiré cada vez más mis limitaciones. Me dejaré sentir el dolor cuando llegue y me permitiré llorar tu ausencia física cuando mi yo lo necesite. Seguiré echándote de menos a diario en muchos momentos. Pero siempre me quedará tu chaquetilla verde...

Fue tu regalo en uno de los días más difíciles del duelo. Desde el momento mismo en que, en el hospital, me dieron tus cosas –lo que había quedado de ellas–, eché en falta la chaquetilla verde con la que te conocí y que fue, con diferencia, la prenda que más has utilizado en estos nueve años. Un poco raída, tantas veces lavada, pero siempre con tu olor e incluso con tu "gracia", hacía aflorar en mí infinidad de recuerdos con solo verla. Al no hallarla entre tus cosas, imaginé que, como el atropello te provocó una herida sangrante en la espalda, habría quedado empapada de sangre y, por eso motivo, los sanitarios habrían querido evitarme otro motivo más de dolor. Ahí quedó... Sin embargo, en la tarde de uno de aquellos días particularmente difíciles, bajé al trastero a buscar unas cosas... y allí la encontré, cuidadosamente doblada, en una estantería: seguramente, el calor de aquel día 15 de agosto hizo que te desprendieras de ella y la dejaste allí..., para mi bien. La abracé al instante y aquí me acompaña a diario. Siempre la tengo a la vista y en algunos momentos incluso me la coloco por encima –¡lástima que no quepa en ella!– y mi cuerpo se siente arropado por ti.

Esa chaquetilla es para mí un sacramento, es decir, un signo eficaz de tu presencia que me sostiene y me impulsa a vivir.

11 Añoranza

Tu chaquetilla verde –para mí, un sacramento– es también fuente de añoranza. La veo y me trae tantos recuerdos...: tu cuerpo flexible y danzarín, los caminos recorridos, la cuesta del Perdón y la charca con los patos, el olor a tierra mojada, tu disfrutar sobre aquella bici que tanto apreciabas, el cuidado con que me abrigabas, las mañanas de los fines de semana en invierno cuando la vestías incluso dentro de casa...

¡Si solo fuera esa chaquetilla! No hay nada que no me hable de ti: anoche entré en la habitación, vacía y silenciosa –qué diferente a cuando tú la habitabas y la llenabas con tu presencia– y vi casualmente tu reloj despertador con el que nunca atinabas a poner la hora exacta. Me sonreí y te eché mucho de menos. Pero enseguida vi tus pendientes y recordé aquel atardecer en Granada, donde te los había comprado.

Y de Granada salto a Argentina, a las cataratas de Iguazú y a los glaciares patagónicos –el Perito Moreno y aquel otro, cuyo nombre no recuerdo ahora, sobre el que nos permitieron caminar tras calzarnos unos crampones formidables–, donde querías que volviéramos sin prisas y disponer de días suficientes, ya jubilada, para poder contemplar y dejarte impregnar de tanta belleza. Y eso, a su vez, me lleva a la admiración que me producía tu capacidad contemplativa, tu tomarte todo el tiempo del mundo para contemplar una rosa y volver cada día para fotografiarla y seguir su desarrollo. Y tu gusto por la belleza me hace dirigir la mirada hacia tus cuadernos de dibujo, tus clases, tu pasión por aprender cosas nuevas, tu gusto por jugar con los colores... y tu acordeón en una esquina del comedor.

En ese comedor presidido ahora por una foto tuya, que me permite "verte" más allá de tu mirada, al lado de la urna con las cenizas a las que ha quedado reducido tu cuerpo, como recordatorio constante de la paradoja que eres y somos: vida iluminada y polvo insignificante y efímero.

En ese mismo comedor donde me alegraba tu modo de brindar conmigo. Nunca probabas el alcohol, pero cuando yo bebía vino –en alguna celebración importante te gustaba sorprenderme con un buen Rioja– me encantaba brindar contigo, por tu forma de hacerlo, que casi me gustaba más que el propio vino: mirándonos a los ojos, chocabas tus nudillos con mi copa para después besarlos con todo cariño. Ahora es así como brindo contigo, enviándote el beso, cuando hay una copa ante mí.

La añoranza no cesa: ¿cómo olvidar tu rostro iluminado, cuando te detenías extasiada ante el despliegue majestuoso de aquellas olas de seis o siete metros sobre el "Paseo Nuevo" de Donosti? ¿Cómo no recordarte cuando me regalan un queso de Albarracín y, llegado a casa, lamento no poder compartirlo contigo? Un queso que, a pesar de no ser Idiazábal, tanto te gustaba. Como el jamón de Teruel, capaz de, entre bromas y risas, acabar con tu vegetarianismo. Tu risa y tu sonrisa, permanente, genuina, limpia, humilde, siempre amorosa... Y tu rostro sonriente se transformaba en pícaro cuando calculabas el chocolate que podías comer –siempre cuidando tu peso, debido a dolorosas historias pasadas– y venías a mí, haciéndome cerrar los ojos, para depositar otro trocito en mi boca, dichosa de poder compartirlo. En realidad, toda la casa –ahora silenciosa– me habla de ti de manera constante. Esa misma casa, nuestra casa, cuyo silencio caía como una losa pesada y casi insoportable sobre mí en las primeras semanas y que, ahora, gracias al regalo recibido, aunque me sigue doliendo y me hace extrañarte, puedo vivirlo con paz de fondo. Si durante un mes y medio, sentí la casa vacía e incluso enemiga, ahora la percibo plena de ti. Hasta el punto de que, al entrar en ella, siento como si me abrazara con el olor y la energía amorosa de tu presencia.

Energía, la tuya, que ayer alguien describió con palabras tan bellas como ajustadas. Fui a hacer unas fotocopias a la librería en la que tú preparabas con tanto mimo tu agenda del curso para el instituto. Conversando con Íñigo, el librero, un hombre joven sensible y entregado a su profesión, me dijo: “Ana transmitía una energía especial. No la energía que surge, como puede ser el caso de un boxeador, para defenderse del propio miedo. En Ana, la energía nacía de su esencia”.

No pudo expresar con más acierto tu llamativa paradoja en este punto: una mujer muy frágil en apariencia, como a punto de quebrarse en ocasiones, de la que, sin embargo, emanaba una energía poderosa capaz de impregnar todo a su alrededor, generando más y más vida. La tuya, ciertamente, era una energía llamativamente paradójica, más poderosa por más humilde, más luminosa por más desapropiada, más penetrante por más amorosa, más alegre por más silenciosa...

Así la percibo ahora, sintiéndome abrazado por ella, todo el tiempo que estoy en casa, mientras me va inundando una profunda gratitud. Aquella gratitud que tú misma tanto me enseñaste a cultivar. ¡Tantas cosas, tantos recuerdos, tanta añoranza, tanta vida, querida Anusky...!

Hoy mismo me han hecho llegar unas fotos tuyas que no había visto, en medio de un parque otoñal, con toda su paleta de colores que tanto apreciabas y disfrutabas. Se te ve en ellas jugando con las hojas caídas, saltando, disfrutando y sonriendo. ¡Necesitabas tan poco para sentirte así!... Apenas verlas, la añoranza se ha disparado, me ha emocionado profundamente verte tan viva y dichosa y me han saltado las lágrimas. Tan viva te veía que hubiera salido corriendo a encontrarte en aquel parque..., pero lo que me ha visitado ha sido la pena, la soledad y la congoja hasta producirme un "bajón" que a punto ha estado de arrastrarme anímicamente. He tenido que centrarme en la respiración, observar mi mente a distancia y, gracias al silencio mental, situarme conscientemente en ese lugar de quietud, que es aceptación y donde todo está a salvo.

Es así. A veces, con tantos recuerdos, me visita la tristeza, te echo de menos y te extraño tanto... Y, sin embargo, de ningún modo quiero quitar todas esas cosas que pueblan aún tu mesita de noche, tu armario, el cajón de la cocina donde guardabas el chocolate, porque quiero seguir viviendo lo más posible en tu presencia, con recordatorios constantes, aunque ello me suponga sufrir la añoranza de tantos momentos compartidos. Te siento tan presente en todo que me cuesta considerarme a mí mismo viudo.

Todo ello conforma una realidad con sabor agridulce: ¡otra paradoja más! Pero ahora me resulta posible, incluso fácil, distinguir los planos o niveles donde cada movimiento ocurre, donde se mueve cada sentimiento.

Así, la añoranza puede ser aguda, incluso desesperada, hasta producir lágrimas, que dejo fluir con libertad. Pero sé bien que esa "movida" –otra de tus palabras más utilizadas– tiene lugar en el plano sensible o emocional. Forma parte del oleaje de la superficie que, a pesar de que en algunos momentos llegue a percibirse como amenazador, termina pasando. Y no logra cortar el contacto con la quietud profunda del océano donde ahora nos reconocemos y encontramos.

Agradezco, pues, la añoranza porque tiene sabor a ti y me trae tu recuerdo y momentos compartidos. Agradezco también el dolor de la separación física porque me hace sentirme vivo y vulnerable, y –como habíamos hablado en muchas ocasiones y tú sabías bien por experiencia– porque solo la propia vulnerabilidad reconocida y aceptada franquea el acceso a nosotros mismos y a los demás. La vulnerabilidad –¡vivías esto de manera tan habitual, en la relación contigo y en la relación con los otros!– es la puerta de la compasión, hacia uno mismo y hacia los demás.

Pero agradezco, por encima de todo y de manera constante, ese gran regalo tuyo –siempre regalándome, querida Anusky– que me hace vivir en la quietud profunda del océano y, desde ella, acoger también el oleaje que la añoranza suele despertar. Porque, a fin de cuentas, todo ello me habla de ti, a ti remite y alimenta la vivencia de la unidad que somos. ¿Cómo no vivir gratitud, aun en medio del dolor?

> *¡Menos mal que se me regala distinguir entre fondo de quietud y el oleaje de la superficie! Hoy, día 20 de noviembre, cuatro días después de terminar el escrito y de haberlo enviado a la editorial como borrador, me llega, a través del abogado, el Atestado de la Policía Foral. Más allá de todos los datos técnicos, me he quedado sobrecogido de dolor, a la vez que embargado por un llanto amargo e inconsolable, al ver en él una fotografía de Ana brutalmente atropellada, sobre el suelo de la carretera, junto a un charco de sangre –¡qué muerte más dolorosa!–, mientras era atendida por los sanitarios... Me ha sorprendido que, a pesar de todo lo vivido en estos tres meses, a pesar del duelo elaborado, se haya vuelto a despertar con intensidad el desgarro de aquel 15-16 de agosto, como si no hubiera pasado el tiempo posterior y volviera la imagen fija de un dolor que lo ocupa todo. Pero no es así. Sentido y llorado, la aguda sensación de desgarro amaina, como el oleaje cuando se apacigua. Pasado el llanto más fuerte, necesito abrazar su rostro dolorido y su cuerpo roto, abrazar el dolor con amor desde la Presencia que ahora compartimos.*

12 Gratitud

Quien te conociera sabía bien que, en este recordatorio, no podía faltar la palabra "gratitud". Desde que te conocí, no me he cansado de proclamar y repetir, en numerosos grupos y en charlas habidas en todo tipo de foros, el regalo que supone vivir y compartir la vida con una persona agradecida.

Desde el inicio de nuestra convivencia me llamó la atención tu gratitud, ese *eskerrik asko* que salía constantemente de tus labios. Y a lo largo de estos nueve años tuvimos ocasión de hablar de ello, de estudiar más a fondo todo lo relativo a esa actitud y de recordarnos la importancia de mantenerla activa en todo momento.

Así, fuimos viendo cómo la gratitud aleja siempre el lamento quejumbroso y cualquier resto de victimismo, a la vez que constituye el más eficaz antídoto frente al desaliento o el desánimo. Leímos también estudios acerca de investigaciones neurocientíficas que demostraban que sentir y vivir gratitud libera en el cerebro oxitocina y dopamina, activando el sistema de recompensa, responsable del estado de bienestar y de placer en nuestro cuerpo. Y que vendrían a validar el dicho popular: cuanto más te quejas, más te debilitas; cuanto más agradeces, más te fortaleces.

Fue cobrando tal relieve esta práctica entre nosotros que, en el libro sobre pérdidas y duelos, que tú no alcanzarías a ver publicado, quise terminar con un Epílogo, titulado justamente: *La sabiduría y el poder de la gratitud*[4]. Hablaba allí de la dificultad, pero también de la capacidad de dar gracias incluso en los momentos más adversos, como son, entre otros, los procesos de duelo. ¡Qué lejos estaba de imaginar que habría de atravesar este proceso doloroso que se desencadenó el día 16 de agosto! ¿Ves cómo lo escrito en ese libro obedecía a una premonición que buscaba prepararme para lo que se avecinaba?

Gracias a ti, fuimos haciendo de la gratitud un hábito cotidiano. Recuerdo aún cómo te levantabas la mañana de los lunes diciendo: "Doy gracias porque tengo trabajo y estoy en condiciones de poder trabajar". Y cómo dejabas que ese sentimiento te impregnara hasta ocuparte por completo, desalojando otros movimientos más egoicos.

Es cierto que no siempre resultaba fácil agradecer lo que nos había sucedido o lo que parecía que nos habían hecho. Pero como la gratitud no es resignación, ella misma nos ponía en marcha para trabajar la frustración o el dolor que nos dificultaban vivirla en un momento determinado.

4. *Pérdidas y comprensión. ¿Cómo vivir los duelos?*, Desclée De Brouwer, Bilbao 2023, pp. 133–144.

Recuerdo, en particular, aquellas ocasiones en que no lograbas entender incomprensiones o reacciones que habías recibido. En esos casos, la gratitud parecía palidecer pero, sin embargo, era oportunidad –¿cuántas veces me recordaste que toda dificultad constituye una oportunidad?– para trabajar nuestras historias pendientes y, a la vez, dar un paso más en la vivencia de la gratitud incondicional.

Porque esto fue algo que también nos tocó ir aprendiendo: de todos los beneficios que aportaba esa vivencia, el más importante y decisivo de todos ellos no era, con ser significativos, ninguno de los que he mencionado. El don más poderoso que encierra la gratitud es su capacidad de situarnos en el "buen lugar", la consciencia de unidad, de donde podrá brotar en todo momento la acción adecuada.

Fuimos comprendiendo y aprendiendo a vivir que la gratitud incondicional no puede nacer del ego, que únicamente agradecerá aquello que le resulta favorable. Pero sabíamos bien que eso no era gratitud. Por lo que, al dar gracias también por lo que nos molestaba, nos dolía o, en general, nos frustraba, estábamos siendo conducidos más allá del ego. Comprobábamos así que la gratitud incondicional nos libera del ego, situándonos en ese otro lugar donde nos reconocemos en unidad con todo lo que es.

Conscientes de la dificultad de vivir la gratitud en circunstancias difíciles y adversas, en las que parece que algo en nosotros se rompe, hablábamos con frecuencia, discrepando también en ocasiones, de la sutileza que encerraba esa paradoja. Mientras para el yo resulta imposible vivir la gratitud en esas situaciones, la consciencia o totalidad agradece todo lo que aparece en cada momento.

Cuando nos sentíamos detenidos en este punto, me gustaba ayudarte a ver que la mente y el yo se resistirían siempre a aceptar un planteamiento de este tipo. Pero eso únicamente es debido a su cortedad de miras y, en último término, a la ignorancia acerca de lo que somos.

También solías preguntarme si ese modo de entender la gratitud no conduciría a aprobar o justificar todo, así como a una pasividad escéptica y relativista. Y conveníamos en que, ciertamente, todo lo humano es ambiguo y nada se halla exento de riesgos y trampas. Sin embargo, fuimos avanzando al comprender que agradecer no es resignarse –lo injustificable será siempre injustificable– ni significa acomodarse a lo que no funciona adecuadamente. Al contrario, tal como escribe Kristi Nelson –sobreviviente de un cáncer en etapa IV durante casi veinticinco años–, "cuando practicamos la gratitud, nos volvemos más vivos y despiertos, eso no hace que lo que no es admisible sea más admisible, al contrario: lo hace *menos* admisible. Creamos un nuevo marco de referencia para lo que es posible en nuestra vida y en el mundo, y las cosas que no encajan, que no coinciden, que no están alineadas, se vuelven más difíciles de tolerar".

Éramos realistas y queríamos ser humildes (verdaderos), así que reconocíamos que no siempre nos era posible vivir la gratitud incondicional. Pero teníamos también la suficiente lucidez para reconocer que nuestra imposibilidad de vivirla en un momento determinado no negaba que fuera siempre la actitud sabia y adecuada.

Todo ello se me puso delante tras tu partida, Anusky querida. Ante aquella experiencia de desgarro, solo podía sobrevivir. Si a duras penas era capaz de mantenerme en pie, ¿cómo hubiera podido agradecer lo sucedido? Lo que había a flor de piel era dolor, frustración, rebeldía, rabia... Sin embargo, aun en medio de tanto desconcierto y aparente sinsentido, en todo momento pude dar gracias por algo: por ti, Ana. Por haberte conocido, por todo lo que me habías amado, por todo lo que he recibido de ti, por todo lo compartido, por la vivencia de ser uno... De hecho, junto al dolor que me resultaba insufrible, lo que viví de manera constante y sostenida fue esa gratitud, que ha sido la música de fondo de todos mis "diálogos" contigo a lo largo de este tiempo. Y aprendí, en medio del más desgarrador desconsuelo que, pase lo que pase, siempre hay algo por lo que podamos dar gracias.

Poco a poco, a medida que iba experimentando el regalo de tu presencia, la gratitud se expandía en mí, haciéndose más prolongada y más profunda, liberándose de la estrecha y reductora mirada mental. Y fue a partir de tu gran regalo a finales de septiembre cuando definitivamente se asentó en mí y pude vivir la gratitud por todo lo que había sucedido.

No se trata –lo sabes bien y lo hablamos muchas veces– de la pseudo–gratitud tonta que se conforma con todo y se resigna ante cualquier cosa que pueda suceder. Es, por el contrario, la actitud sabia que sabe ver más allá del nivel de las formas. Lo cual no alivia el dolor, pero permite vivirlo desde otro lugar, el lugar adecuado, el nivel profundo donde –más allá de cualquier oleaje, de cualquier dolor y de cualquier miedo–, tal como nos decíamos con frecuencia, "todo está bien".

Soy testigo de hasta qué punto la mente se rebela ante afirmaciones de este tipo cuando la persona experimenta dolor o desconcierto. Sé también que es muy difícil de entender y que resulta doloroso que, en situaciones particularmente difíciles, alguien te diga que no pasa nada. Pero soy igualmente testigo de que, sin negar todo lo que sea necesario afrontar en este nivel de las formas, la verdad de lo que somos se halla siempre en el otro plano y solo desde ahí podemos ver con claridad.

A ti, Anusky, que tanto te gustaban las metáforas, seguro que te vendría a la memoria aquella, antes nombrada, que habla del oro y las joyas que pueden hacerse con él. Las joyas tienen que destrozarse para tomar otra forma, pero el oro permanece sin ser afectado. Y, perdóname otra vez, pero vuelvo al punto al que siempre voy, y que siempre adivinabas, poniendo una sonrisa. La pregunta decisiva solo es una: continuando con la metáfora citada, ¿considero que soy únicamente una joya particular o que soy el oro del que están hechas todas ellas?

Tu "forma" ha cambiado, lo que ha hecho que cambiara también el modo de relacionarnos, pero lo que tú eres –y siempre fuiste– permanece inalterado. Me gustaba la joya particular y efímera que el oro había adoptado en ti, pero tu partida me ha hecho comprender, con mayor profundidad de lo que ya intuía, que eres –somos– oro imperecedero. O con otra metáfora, el río "Ana" ha desembocado en el océano de la Presencia, donde nos reencontramos en el agua que realmente somos.

Y llegados a este punto, abundando en el tema de la gratitud, solo me queda una invitación a cada persona que se encuentre motivada: compruébalo por ti misma, verifica los efectos que produce en tu vida, en tus relaciones y en tu compromiso con el mundo, la vivencia de la gratitud incondicional. Tal vez descubras admirado o admirada que, como le gusta decir a David Steindl-Rast, "la raíz de la felicidad es la gratitud... Porque no es la felicidad lo que nos hace agradecidos; es la gratitud lo que nos hace felices".

He de terminar, Ana querida, y me cuesta hacerlo. Me cuesta tanto como, en aquel 2014, cortar la comunicación por el móvil, esperando que fueras tú la primera en hacerlo, aun sabiendo que a ti te ocurría exactamente lo mismo.

Pero, en realidad, no termino ni termina nada. Solo hay Presencia. Presencia que somos, más allá de mi forma todavía temporal, y en la que permanecemos. Como solíamos decir: basta cerrar los ojos y acallar la mente para verlo. Y, una vez visto, dejar que nos transforme, o más exactamente, permitir que la vida fluya a través de nosotros, porque nos vivimos como cauces o canales limpios que la dejan pasar y la transparentan.

¡Gracias, Anusky, *mila esker, bihotz bihotzez!* Por ser para mí transparencia viva de lo que somos. *Maite zaitut*. Gracias también porque te he sentido muy presente en la elaboración de este texto, que nació también bajo tu impulso. Te he sentido y te siento ahí, expresándote incluso a través de mí. Y seguimos..., en la evidencia de tu acompañamiento amoroso que me hace mejor persona. ¿Acaso no ha sido esa, desde el primer momento, tu misión en mi vida?

A LOS CUATRO VIENTOS

Director: Manuel Guerrero

1. *Leer la vida. Cosas de niños, ancianos y presos*, Ramón Buxarrais
2. *La feminidad en una nueva edad de la humanidad*, Monique Hebrard
3. *Callejón con salida. Perspectivas de la juventud actual*, Rafael Redondo
4. *Cartas a Valerio y otros escritos*. Ramón Buxarrais
5. *El círculo de la creación. Los animales a la luz de la Biblia*, John Eaton
6. *Mirando al futuro con ojos de mujer*, Nekane Lauzirika
7. *Taedium feminae*, Rosa de Diego y Lydia Vázquez
8. *Bolitas de Anís. Reflexiones de una maestra*, Isabel Agüera Espejo-Saavedra
9. *Delirio póstumo de un Papa y otros relatos de clerecía*, Carlos Muñiz Romero
10. *Memorias de una maestra*, Isabel Agüera Espejo-Saavedra
11. *La Congregación de "Los Luises" de Madrid. Apuntes para la historia de una Congregación Mariana Universitaria de Madrid*, Carlos López Pego, s.j.
12. *El Evangelio del Centurión. Un apócrifo*, Federico Blanco Jover
13. *De lo humano y lo divino, del personaje a la persona. Nuevas entrevistas con Dios al fondo*, Luis Esteban Larra Lomas
14. *La mirada del maniquí*, Blanca Sarasua
15. *Nulidades matrimoniales*, Rosa Corazón
16. *El Concilio Vaticano III. Cómo lo imaginan 17 cristianos*, Joaquim Gomis (Ed.)
17. *Volver a la vida. Prácticas para conectar de nuevo nuestras vidas, nuestro mundo*, Joaquim Gomis (Ed.)
18. *En busca de la autoestima perdida*, Aquilino Polaino-Lorente
19. *Convertir la mente en nuestra aliada*, Sákyong Mípham Rímpoche
20. *Otro gallo le cantara. Refranes, dichos y expresiones de origen bíblico*, Nuria Calduch-Benages
21. *La radicalidad del Zen*, Rafael Redondo Barba
22. *Europa a través de sus ideas*, Sonia Reverter Bañón
23. *Palabras para hablar con Dios. Los salmos*, Jaime Garralda
24. *El disfraz de carnaval*, José M. Castillo
25. *Desde el silencio*, José Fernández Moratiel
26. *Ética de la sexualidad. Diálogos para educar en el amor*, Enrique Bonete (Ed.)
27. *Aromas del zen*, Rafa Redondo Barba
28. *La Iglesia y los derechos humanos*, José M. Castillo
29. *María Magdalena. Siglo I al XXI. De pecadora arrepentida a esposa de Jesús. Historia de la recepción de una figura bíblica*, Régis Burnet
30. *La alcoba del silencio, José Fernández Moratiel* –Escuela del Silencio (Ed.)–

31. *Judas y el Evangelio de Jesús. El Judas de la fe y el Iscariote de la historia*, Tom Wright
32. *¿Qué Dios y qué salvación? Claves para entender el cambio religioso*, E. Martínez
33. *Dios está en la cárcel*, Jaime Garralda
34. *Morir en sábado ¿Tiene sentido la muerte de un niño?*, Carlo Clerico Medina
35. *Zen, la experiencia del Ser*, Rafael Redondo Barba
36. *La sabiduría de vivir*, José María Toro
37. *Descubrir la grandeza de la vida. Una vía de ascenso a la madurez personal*, Alfonso López Quintás
38. *Dirigir espiritualmente. Con San Benito y la Biblia*, Anselm Grün, Friedrich Assländen
39. *Recuperar a Jesús. Una mirada transpersonal*, Enrique Martínez Lozano
40. *Detrás de la apariencia*, Matilde de Torres Villagrá
41. *El esplendor de la nada*, Rafael Redondo Barba
42. *Desenterrar y vivir el Evangelio*, Jaime Garralda
43. *Descanser. Descansar para ser*. Propuestas para liberarnos del secuestro del descanso, José María Toro
44. *Quiéreme libre, déjame ser. Lo masculino, lo femenino y la pareja*, A. Colodrón
45. *La vida no tiene marcha atrás. Evolución de la conciencia, crecimiento espiritual y constelación familiar*, Wilfried Nelles
46. *Quien ama muere bien. Al borde de la Tierra Pura de Buda*, DHARMAVIDYA, David J. Brazier
47. *Humanizar el liderazgo*, José Carlos Bermejo y Ana Martínez
48. *Teología popular (I). La buena noticia de Jesús*, José M. Castillo
49. *Por qué - Cómo - Y hablando con Dios*, Fundación padre Garralda
50. *Envejecimiento en la vida religiosa*, José Carlos Bermejo
51. *Teología popular (II). El reinado de Dios*, José M. Castillo
52. *La sabiduría interior. Pinceladas de filosofía experiencial*, Tomeu Barceló
53. *Teología popular (III). El final de Jesús y nuestro futuro*, José M. Castillo
54. *La psicoterapia integrativa en acción*, Richard G. Erskine y Janet P. Moursund
55. *Debate en torno al aborto. Veinte preguntas para debatir sin crispación sobre el aborto*, Benjamín Forcano, Javier Elzo, Federico Mayor Zaragoza, Nuria Terribas, Juan Masiá
56. *Para reír y rezar*, Manuel Segura Morales
57. *Guía NO farmacológica de atención en enfermedades avanzadas. Cuidados paliativos integrales*, Iosu Cabodevilla Eraso
58. *La laicidad del Evangelio*, José María Castillo
59. *Otro modo de ver, otro modo de vivir. Invitación a la no-dualidad*, Enrique Martínez Lozano

60. *Guía para hombres en marcha. De la línea al círculo*, Alfonso Colodrón
61. *Entra en ti*, Enrique y Mercedes Montalt Alcayde
62. *Mi alegría sobre el puente. Mirando la vida con los ojos del corazón*, José M. Toro
63. *Ser la propia luz. Más allá de linajes y maestros, de escuelas y creencias*, Rafael Redondo Barba
64. *Vivir. Espiritualidad en pequeñas dosis*, Juan Masiá
65. *El dinero emocional*, Ruth Morales
66. *Todo confluye. Espíritu y espiritualidad en los movimientos altermundistas*, José Eizagirre
67. *Humanitinas. Fármacos humanizadores*, José Carlos Bermejo y Diana S. Simón
68. *La homosexualidad en verdad. Romper, por fin, el tabú*, Philippe Ariño
69. *Zendo Betania. Donde convergen zen y fe cristiana*, Ana María Schlüter
70. *Solo estar*, Enrique y Mercedes Montalt Alcayde
71. *La dicha de ser. No-dualidad y vida cotidiana*, Enrique Martínez Lozano
72. *Enseñanzas del Silencio de Moratiel*, Alicia Martínez
73. *Puentes de perdón*, Pax Dettoni Serrano
74. *Espiritualidad para ahora. Verbos para el hortelano del espíritu*, José Carlos Bermejo
75. *El pulso del cotidiano. Ser. Hacerse. Vivir. Realizarse*, José María Toro
76. *Más allá del olvido*, Matilde de Torres Villagrá
77. *El que vive. Relecturas del Evangelio*, Juan Masiá Clavel, S.J.
78. *Un corazón atento. Entre la misericordia y la compasión*, Luciano Sandrin
79. *El diálogo en plena conciencia. El sendero interpersonal hacia la liberación*, Gregory Kramer
80. *Cuando tu sufrimiento y el mío son un mismo sufrimiento. La vida como sanación compasiva*, Carlos Díaz
81. *Locura de la psiquiatría. Apuntes para una crítica de la psiquiatría y la "salud mental"*, Alberto Fernández Liria
82. *Metáforas de la no-dualidad. Señales para ver lo que somos*, Enrique Martínez Lozano
83. *Koan inspirados en San Juan de la Cruz. Luces de occidente para iluminar el camino*, Pedro Vidal López
84. *Mujeres que aman. Susurros feministas sobre el amor y el desamor*, Rosa María Belda Moreno
85. *El evangelio marginado*, José María Castillo
86. *Morir hoy. La muerte desterrada*, Víctor Manuel Cabanillas Gutiérrez
87. *Elige la vida. Una lectura existencial de la Biblia*, Montse de Paz
88. *Peregrinar a Jesús. Dios, Jesús y la Salud*, José C. Bermejo y Ariel Álvarez Valdés

89. *Psicopatología y psicoterapia de las experiencias transpersonales*, Ana Gimeno-Bayón Cobos
90. *En el principio era la vida. Comentario al evangelio de Juan*, Enrique Martínez Lozano
91. *Dar-se-nos. Aproximarse al sentido de la propia vida permite acceder a la comunión con el otro y con el Otro*, Enrique y Mercedes Montalt Alcayde
92. *El milagro de vivir despierto. Ser nadie, cumbre de la madurez*, Rafa Redondo
93. *Felicidad tóxica. El lado oscuro del pensamiento postivo*, Rafael Pardo
94. *Duelo digital y coranavirus*, José Carlos Bermejo
95. *Encuentros con el silencio*, Julio Zarco Rodríguez
96. *Metáforas para la consciencia*, Pepa Horno - Ilustraciones Zaida Escobar
97. *Dar gracias. Oraciones para humanizar la cotidianeidad,* José Carlos Bermejo
98. *Humanizar. Humanismo en la asistencia sanitaria*, José Carlos Bermejo, María Pilar Martínez, Marta Villacieros
99. *El mundo en que vivimos. La conciencia y el camino del alma*, Wilfried Nelles
100. *Humanizar la soledad. Comprenderla y acompañarla, Consuelo Santamaría*, José Carlos Bermejo
101. *Un camino sin atajos. Duelo por el suicidio de un ser querido*, Alejandro Rocamora Bonilla (Dir.)
102. *El sanador herido. Humanizar las relaciones de ayuda*, José Carlos Bermejo
103. *Profundidad humana, fraternidad universal. La espiritualidad no-dual*, Enrique Martínez Lozano
104. *El ser humano, un ser espiritual*, Javier Urra
105. *La vida de Jesús y sus enseñanzas*, Manuel Segura
106. *Mindfulness para cristianos*, Rafael Pardo
107. *Oraciones para humanizar cada día*, José Carlos Bermejo
108. *El arte de mirar y escuchar desde el Corazón*, José María Toro
109. *Gratitud*, Rafael Redondo
110. *Escucha y consuelo. La palabra que sana*, José Carlos Bermejo
111. *Declive de la religión y futuro del evangelio*, José María Castillo
112. *Motivación y salud*, José Carlos Bermejo
113. *Pérdidas y comprensión ¿Cómo vivir los duelos?*, Enrique Martínez Lozano
114. *En tus manos encomiendo mi espíritu. Tu cayado me acompaña*, Rafa Redondo
115. *Mujeres sacerdotes, ¿cuándo? Diálogos en torno al sacerdocio de las mujeres*, M. José Arana
116. *La vida íntima*, Javier Urra
117. *Cuando muere la persona amada*, Enrique Martínez Lozano
118. *Un resplandor inesperado. Relatos de transformación espiritual basados en hechos reales*, Ricardo Fernández Aguilá